Knaus

K

Thea Dorn

Ach, Harmonistan

Deutsche Zustände

Knaus

FSC
Mix
Produktgruppe aus vorbildlich bewirtschafteten Wäldern und anderen kontrollierten Herkünften
Zert.-Nr. GFA-COC-001262
www.fsc.org

Verlagsgruppe Random House FSC-DEU-0100
Das für dieses Buch verwendete FSC-zertifizierte Papier
EOS liefert Salzer Papier, St. Pölten, Austria.

1. Auflage

Gesetzt aus der Adobe Caslon von Greiner & Reichel, Köln
Druck und Einband: Friedrich Pustet KG, Regensburg
Printed in Germany
ISBN 978-3-8135-0384-5

www.knaus-verlag.de

Inhalt

Verehrte Frau Dorn,

ich verstehe den Titel Ihres Buches nicht. Wollen Sie andeuten, dass es in Deutschland zu harmonisch zuginge? Das können Sie ja wohl nicht meinen. Bei uns vergeht doch kein Tag ohne Zank und Streit. Vor allem in der Politik nicht. Von echter Harmonie ist dieses Land sehr, sehr weit entfernt. Ich würde mir allerdings von Herzen wünschen, dass es harmonischer zuginge, deshalb verstehe ich nicht, warum Ihr Buchtitel so klingt, als ob Harmonie etwas Schlechtes wäre. Vielleicht können Sie mir das erklären.

Mit freundlichen Grüßen,
Erika Mustermann

Verehrte Frau Mustermann,

haben Sie herzlichen Dank für Ihren Brief! Ich stimme Ihnen zu: In diesem Land wird gezankt, was das Zeug hält. Allerdings bin ich überzeugt, dass die allgemeine Verzanktheit – die unserer politischen Klasse im Besonderen – nichts anderes ist als ein Ausdruck der allgemeinen Verzagtheit. Dass in diesem Land ernsthaft gestritten würde, kann ich nicht erkennen.

Was aber ist ernsthafter Streit, werden Sie fragen. Inwiefern lässt er sich vom Zank unterscheiden? Und sind nicht beide das Gegenteil von Harmonie?

Zank widmen sich Menschen, deren Auseinandersetzung keinen anderen Inhalt kennt als das persönliche Interesse, den jeweiligen Eigennutz: Der eine will mehr Sozialleistungen erhalten, der andere weniger Steuern zahlen. Letztlich folgen solche Zwistigkeiten der Logik des Sandkastens. Das eine Kind plärrt, weil es nicht erträgt, dass ein anderes Kind ein größeres, schöneres, bunteres Eimerchen hat. Das privilegierte Kind beginnt zu plärren, sobald das benachteiligte Kind anfängt, an seinem Eimerchen zu zerren. Kaum sind die Mütter – Väter? – herbeigeeilt, ist der Zankfunke auch schon übergesprungen. Die Mutter des benachteiligten Kindes wird der Mutter des privilegierten Kindes in schrillen Worten vorhalten, wie ungerecht und unzumutbar es sei, dass deren Kind ihrem eigenen Kind, das mit einem alten schäbigen Eimerchen vorliebnehmen muss, mit seinem nagelneuen Luxuseimerchen vor der Nase herumwedelt. Der Gedanke, ihrem Kind zu erklären, dass schicke Eimerchen nicht das Wichtigste auf der Welt sind – oder dass ein Leben geprägt von Anstrengung und Leistungswille vor ihm liegen wird, strebt es bei seiner Herkunft danach, eines Tages ebenfalls in den Besitz funkelnder Eimerchen zu gelangen –, dieser Gedanke wird der Mutter des benachteiligten Kindes vielleicht kurz in den Sinn kommen. Sie wird ihn als unzeitgemäß verwerfen.

Die Mutter des privilegierten Kindes wiederum wird der Mutter des benachteiligten Kindes in gleichfalls schrillen Worten darlegen, dass es eben Pech sei, wenn die andere ihrem Kind zum Spielen nur ein altes Eimerchen mitgeben könne. Da sie jedoch ungern als neoliberale *bitch* dastehen möchte, wird sie ihr Kind fragen, ob es das benachteiligte Kind nicht doch zehn Minuten mit seinem schönen Eimerchen spielen lassen könne. Das Kind wird den mütterlichen Vorschlag zur Güte plärrend ablehnen. Wie sollte es sich auch anders verhalten, hat es doch nie gelernt, ein »Nein« zu akzeptieren.

Letztlich hoffen alle, dass die oberste Sandkastenaufseherin eingreifen und die Harmonie wiederherstellen wird – indem sie eine Runde Eiskrem für alle verspricht.

Mit dem Schlichtungsmodell »Eiskrem für alle« hat die deutsche Politik den Sandburgfrieden in den letzten Jahrzehnten erfolgreich aufrechterhalten. Was aber tun, wenn die Zeichen der Zeit darauf hindeuten, dass die Eiskrem knapp wird? Offensichtlich lässt sich in einer Demokratie Harmonie – zumindest an der Oberfläche – erkaufen. Anordnen lässt sie sich nicht. Der Weg der Zwangsharmonisierung ist Diktaturen vorbehalten.

Wir können gern weiterhin rufen: »Harmonie! Harmonie über alles!« Dieser Ruf mag sogar von einer freundlichen Grundgesinnung zeugen. Letztlich wird er nur dazu beitragen, dass wir noch unfähiger werden, als wir es ohnehin schon sind, real existierende Differenzen auszutragen, Widerspruch und Ablehnung auszuhalten und so zu bändigen, dass sie nicht in Gewalt und Chaos enden. Materieller Wohlstand und das Zerfallen der geschlossenen Weltanschauungssysteme haben uns in Sachen Streit zu Analphabeten gemacht.

Echter Streit kann nur von Personen ausgetragen werden, die für etwas streiten, das den engen Horizont ihres unmittelbaren eigenen Vorteils übersteigt. Altmodisch ausgedrückt: Streiten können nur Menschen, die für eine Idee einstehen, die größer ist als sie selbst. Die Hotelsteuerermäßigung und die Frage, unter welchen Umständen das Sozialamt die Kosten fürs Kabelfernsehen übernimmt, zählen nicht dazu.

Streiter für die große Sache laufen allerdings stets Gefahr, sich in der schweren Rüstung der Ideologie zu verschanzen, so dass man mit Recht fragen kann, ob in diesen Rüstungen überhaupt noch lebendige, wahrnehmende, denkende Wesen stecken. Das metallische Scheppern früherer Zeiten, wenn die Phrasenpanzer aufeinanderkrachten, war kein schönes Geräusch. Wenn wir heute jedoch auf den Turnierplatz schauen, sehen wir nur mehr Haken schlagende Hasen und gerissene Igel – in der Sprache der Politik: *Moving targets*, die sich auf keine Position festlegen lassen. Die unschönen Geräusche sind seltener geworden – dafür herrscht jetzt enervierendes Dauerrauschen.

Mit dem Ende des Kalten Kriegs hat sich ein postideologisches Vakuum ausgebreitet. Der einzige Weg, neue Gedanken in diesen geistigen Leerraum hineinzulassen, wäre es, unideologisch, aber dennoch ernsthaft um Überzeugungen und Haltungen zu ringen. Warum nutzen wir die Abkehr vom alten ideologischen Rüstzeug nicht, uns der Realität samt ihrer Widersprüchlichkeit mit unbewaffnetem Auge zu stellen? Trotz aller postmodernen Unkenrufe: Es gibt sie noch, die gute alte Wirklichkeit. Auch wenn es uns bisweilen so scheinen mag, als ob sie hinter all den Bildschirmen verloren gegangen wäre – solange wir als sterbliche, leidensanfällige Wesen aus Blut und Fleisch existieren, solange es nicht Manna vom Himmel regnet, sind wir noch von dieser Welt. Es geht darum, dem Dasein Sinn zu verleihen, ohne Zuflucht in einem religiösen, philosophischen oder politischen Walhall zu suchen.

Es ist gut, dass wir im Begriff sind zu verlernen, wie man sich hinter Kommunismus, Konservatismus, Feminismus oder irgendeinem anderen Ismus verbarrikadiert. Dennoch brauchen wir Weltanschauungen, die stabil genug sind, uns Rückgrat und Richtung zu verleihen. Der relativistische Luftikus, dem alles gleich lieb und letztlich alles egal ist, ist nicht weniger obsolet als der Betonschädel, der nicht bereit ist, über seine Festungsmauern hinauszuschauen.

Für eine Überzeugung geradezustehen, heißt nicht, sich die eigene Nachdenklichkeit zu verbieten. Ein begründeter, für andere nachvollziehbarer Wandel der eigenen Position ist kein Opportunismus. Der Opportunismus, wie wir ihn nicht nur in der Politik, sondern auch in anderen Bereichen der öffentlichen Auseinandersetzung erleben, fängt dort an, wo niemand mehr eine Überzeugung vertritt, weil er wirklich überzeugt ist, weil sie zum Bestandteil seiner Identität geworden ist und sich mit dieser entwickelt. Sondern dort, wo jeder nur noch die Meinung vertritt, die ihm den größten Applaus beim Publikum, sprich: bei der jeweiligen Mehrheit, beschert. Die Popularität einer bestimmten Meinung ist aber kein Ersatz für deren Wahrheit, Richtigkeit und Wahrhaftigkeit. In früheren Zeiten befragten Denker, Religionsstifter und manchmal sogar Staatsmänner ihr Gewissen, bevor sie eine Entscheidung trafen. Heute rufen sie beim Markt- und Meinungsforschungsinstitut an – und beschweren sich dann, wenn der öffentliche Wirbelwind sein launiges Herbstspiel mit ihnen treibt.

Immer hektischer werden die Umfragen, Online-Votings und sonstigen Mätzchen, die dem »User« einflüstern, seine Stimme würde gehört. Entwickelte, komplexere, widerspenstige Positionen samt den dazugehörigen Persönlichkeiten haben schlechte Karten. Was zählt, ist die flexible adhoc-Stellungnahme zu diesem und jenem Thema. Während der »User« das fragwürdig triumphale Gefühl genießt, Politiker, Verleger, Fernsehintendanten und andere »Meinungsmacher« mit seinen wöchentlichen, täglichen, stündlichen Abstimmungsergebnissen vor sich her zu treiben, beklagt er das kopflose Hickhack, das er selbst mit produziert. Wer sich nach aufrechteren, klareren Positionen sehnt, möge seinen Zeigefinger für eine Weile zu anderen Dingen nutzen, als ständig den Voting-Button zu drücken. Was auf den ersten

Blick mustergültig basisdemokratisch zu sein scheint, trägt in Wahrheit dazu bei, die Demokratie auszuhöhlen.

Verehrte Frau Mustermann, selbstverständlich halte ich echte Harmonie für nichts Schlechtes. Im Gegenteil: Ich halte sie für etwas Kostbares und Großes. Doch wie alle kostbaren und großen Dinge ist sie nicht der Normal-, sondern der Ausnahmezustand. Wird Harmonie zur Ideologie erhoben, bekommt sie etwas Totalitäres. Sie kaschiert, was unter der Oberfläche brodelt. Sie gaukelt uns eine Sicherheit vor, die nicht existiert. Sie befördert Opportunisten, Karrieristen und Duckmäuser. Wenn die Mächtigen den Streit mit denen scheuen, die sie für ihre Klientel halten, weil sie sich die Gunst ihres Publikums nicht verscherzen wollen, bleibt ihnen nichts anderes übrig, als untereinander zu zanken. Weil keiner mehr für die richtigen Ziele streitet, verzetteln sich alle im Zank um Nebensächlichkeiten.

Was wären aber die richtigen Ziele, für die es sich lohnt, aufrecht und entschlossen zu streiten? Meine Antwort ist einfach: Es geht um den Erhalt oder gar die Verbesserung einer offenen Gesellschaft. Denn sie ist die einzige, die es Menschen gestattet, mit all ihren Vielschichtigkeiten und Widersprüchen zu leben. Dies bedeutet, allen Feinden der Komplexität entgegenzutreten. Dazu gehören diejenigen, die nicht willens sind, die Verantwortung für ihre Lebenskämpfe in erster Linie selbst zu übernehmen, weil sie ihnen als Zumutung erscheinen. Dazu gehören diejenigen, die Komplexität mit Beliebigkeit verwechseln und den muslimischen Frauenschinder für einen ebenso wertvollen Charakter halten wie die junge Muslima, die ihre Emanzipationskämpfe mit ebendiesem austragen muss. Dazu gehören biologistische und religiöse Dogmatiker, die uns einreden, dass wir im Leben ohnehin keine Wahlmöglichkeiten hätten. Dazu gehören die Apokalyptiker, die an unserer offenen Lebensform kein gutes Haar lassen und uns die Umkehr zu vormodernen Lebenseinstellungen predigen.

Der Streitsüchtige und der Harmoniesüchtige leiden unter demselben Defizit: Sie wissen nicht, wer sie sind. Sie können sich selbst nicht leiden. So wie der hässliche Deutsche sein hohles Ego aufblähte, indem er überall »Parasiten« witterte und sich aufmachte, diese zu vernichten, hat der gute Deutsche von heute vor seinem hohlen Ego kapituliert und legt sich vorsichtshalber mit überhaupt niemandem mehr an, auch wenn dieser Jemand ihm ins Gesicht sagt, wie sehr er ihn verachtet.

Verehrte Frau Mustermann, ich suche keinen Streit. Ich finde ihn.

In diesem Sinne grüßt herzlich
Ihre Thea Dorn

Das Beta-Tier

Thea Dorn reist in den Busch und sieht bekannte Gesichter.

Schilder warnen vor den Löwen. »*Waarskuwing! Leeus in die area!*« Der freundliche Wildhüter springt vom Jeep, um das schwere Tor zu öffnen, das eher zur Werkseinfahrt von Messerschmidt-Bölkow-Blohm passt als zu einem Tierreservat im südafrikanischen Busch. Die Sonne ist noch nicht aufgegangen, die Berge am Horizont lassen sich lediglich erahnen, Kameldornbäume krümmen sich, als hätten sie in der Nacht bei Quasimodo gelernt. Mein Begleiter und ich sind sehr still, als der Wildhüter den Jeep über die Schwelle rollen lässt. Wir hören das metallische Schnalzen, mit dem sich das Tor hinter uns schließt. Der Anfang von *Jurassic Parc III* fällt mir ein und des hellsichtigen Paläontologen Prognose, dass es stets mit »aaah!« und »oooh!« beginnt – um stets mit »kreisch!« und »renn!« zu enden. Wir fahren los.

Die Luft ist kühl, außer den Kameldornbäumen und ein paar flachen Schwarzdornbüschen gibt es nichts zu sehen. Die Fauna ziert sich. Ich versuche mich an das zu erinnern, was ich vor Jahren in der logisch-semantischen Propädeutik gelernt habe. War es kein gültiger Umkehrschluss: Wenn etwas *nicht* mit »aaah!« und »oooh!« beginnt, wird es auch *nicht* mit »kreisch!« und »renn!« enden? (Hoffnung und Logik sind schlechte Bettgefährten.)

Eine beim Morgenspaziergang aufgeschreckte Warzenschweinfamilie entlockt meinem Begleiter den Anflug eines »Aaah!« Schnell halte ich ihm den Mund zu.

Nach einer Stunde Fahrt durch ruppiges Buschgelände haben wir eine weitere Warzenschweinfamilie, fünf Giraffen und eine Herde der unvermeidlichen Springböcke gesehen. Von Löwen noch immer keine Spur. Der freundliche Wildhüter scheint zu befürchten, wir wären enttäuscht, und beginnt zu erzählen: Achtzehn Löwen gäbe es im Reservat. Fünf männliche, dreizehn weibliche. Sieben der Tiere seien Jungtiere, in den letzten zwölf Monaten hier im Reservat geboren.

»Gab's schon mal Ärger?«, will ich wissen.

»Ärger?« Der Wildhüter lacht, während er den Jeep einhändig über einen Schwarzdornbusch hinwegrumpeln lässt. »Nicht wirklich. Nur einmal, als wir den Beta-Löwen frisch ins Reservat geholt hatten, da war die Hölle los.«

»Den Beta-Löwen?«, hake ich nach.

»Der ist völlig ausgerastet. Eine Woche lang hat er immer wieder versucht, den etablierten Alpha-Löwen zu verdrängen. Am Ende bestand er nur noch aus Fell- und Fleischfetzen.«

»Der Beta-Löwe«, stelle ich klar.

Der Wildhüter nickt. »Als er endlich eingesehen hat, dass es nichts wird mit der Alpha-Position, ist er ausgebrochen.«

»Ausgebrochen?« Meine Stimme wird schrill. »Aber wir

sind doch vorhin durch dieses Monstertor gefahren, und Sie haben gesagt, das ganze Reservat sei mit einem Starkstromzaun gesichert.«

Der Wildhüter lächelt mir zu, wie er vermutlich schon Hunderten von dummen Touristen zugelächelt hat. »Das ist es auch, dieser Zaun gibt Schläge mit zehntausend Volt ab. Unser Beta-Löwe hat sich lieber sein restliches Fell weggrillen lassen, als noch eine Stunde länger im Revier des Löwen zu bleiben, der ihn besiegt hat.«

»Und was ist dann passiert?«

»Er hat die halbe Rinderherde des benachbarten Farmers niedergemacht. Und das nicht, weil er hungrig war. Sondern einfach so. Um seinen Frust abzubauen. Wir haben einen ganzen Tag gebraucht, um ihn einzufangen und wieder ins Reservat zurückzubringen.«

»Und dann? War Ruhe?«, frage ich hoffnungsvoll. Zwei Oryxantilopen, die merken, dass sie trotz Hornpracht nicht beeindrucken können, wenden sich beleidigt ab.

»Von wegen.« Der Wildhüter jagt den Jeep durch ein Feld Teufelsdorn, als wollte er die gelben Blüten für etwas bestrafen. »Der Beta-Löwe ist noch in derselben Nacht wieder durch den Zaun gebrochen. Das gleiche Spiel von vorn. Ein Alpha-Löwe würde nur so ausrasten, wenn sein Rudel angegriffen würde. Die meisten Löwen sind Gamma-Tiere und als solche ohnehin harmlos. Aber ein Beta-Löwe ist nicht ruhig zu stellen. Bevor der aufgibt, bringt er sich lieber selber um.«

Um zwölf beginnt im Busch die Siesta. Ich ziehe mich ans schattige Ende der Sonnenterrasse zurück, dorthin, wo der Blick ungehindert grasen kann. Am benachbarten Wasserloch entdecke ich ein paar Antilopen und bin stolz, dass ich sie sofort als Nyalas identifizieren kann. Über der Frage, ob es nicht vielleicht doch Impalas oder gar weibliche Kudus sein könnten, dämmre ich weg.

Anscheinend habe ich tatsächlich geschlafen. Als ich hochschrecke, spüre ich, dass etwas nicht stimmt. Die Antilopen sind verschwunden. Nicht einmal eins der verlässlichen Eichhörnchen lässt sich blicken. Doch halt. Dort hinter dem Schwarzdorn blitzt ein Schnurrbart hervor. Mit einem Schlag sitze ich aufrecht. *Der Beta-Löwe!*, schießt es mir durch den Kopf. Er muss wieder ausgebrochen sein. Warum habe ich Idiotin vergessen, den Wildhüter beim Mittagessen zu fragen, was aus dem Beta-Löwen geworden ist. Auf unserer Morgensafari hatte plötzlich das einzige schwarze Nashorn des Reservats vor uns gestanden und die Beta-Löwen-Diskussion abrupt beendet.

Ein Schweißtropfen löst sich in meinem Nacken. Ich versuche, so flach wie möglich zu atmen und starre in den Schwarzdornbusch hinein. Da ist er wieder. Der Schnurrbart. Es muss an der Hitze liegen. Ich schließe die Augen. Als ich sie wieder öffne, ist die Erscheinung verschwunden. Zitternd lasse ich mich in den Liegestuhl zurücksinken. Doch dann weiß ich, dass ich nicht halluziniert habe. Jürgen Möllemann! Ich habe im Schwarzdornbusch den Schnurrbart von Jürgen Möllemann gesehen! Mit einem Mal wird mir klar, dass ich heute Morgen keinem Wildhüterlatein, sondern einer Weltformel gelauscht habe.

Die Einzigen, die wirklich Ärger machen, sind die Beta-Tiere.

Plötzlich ergibt alles einen Sinn: Der ewige Stellvertreter im Schatten von Genscher. Nach dessen Abgang nun endlich wenigstens Vizekanzler. Doch was tut Möllemann? Benutzt sein ministerielles Briefpapier, um deutschen Supermärkten Einkaufswagen-Chips eines Vetters zu empfehlen! Rücktritt. Die nächste Attacke: Strategie 18. Kanzlerträume. Doch wieder spürt er den heißen Atem eines Rivalen: Guido Westerwelle. Aber ist der nicht selbst ein Beta-Tier? Warum wird dann dieser und nicht er, Jürgen Möllemann, Bundesvorsitzender der FDP? Der letzte Versuch, doch noch ganz nach oben zu kommen: Ein Flugblatt gegen die zionistische Weltverschwörung. Das Parteirudel hat genug und schickt den *Troublemaker* in die Savanne. Einsam hebt er ab, kein Fallschirm soll ihn mehr aufhalten: »Ich springe heute einen Einzelstern.«

Ein Beta-Tier gibt nicht auf. Lieber bringt es sich selber um.

In einem nahen Korallenbusch raschelt es. Zwei vorwitzige Ohren leuchten auf. Ein Kaphase? Nein! Marco Pantani ist es, der gerade davonspringt. *Il pirata*, der italienische Radprofi mit dem Piratenkopftuch. Einmal konnte er die Tour de France gewinnen, dann kam Lance Armstrong und stellte klar, wer ab sofort das Alpha-Tier im Peloton ist. Wie geriet *il pirata* außer sich, als der Amerikaner ihm am Mont Ventoux gnädig den Tagessieg überließ, und zwang ihn bei der nächsten Bergetappe in so selbstzerstörerische Zweikämpfe hinein, dass beinahe beide tot vom Rad gefallen wären. Doch auch diese Tour gewann Armstrong. Im Februar desselben Jahres, in dem der Alpha-Rivale zum sechsten Mal als Sieger in Paris ankommen sollte, nahm Pantani sich in einem schäbigen Hotelzimmer in Rimini das Leben.

»Aber was ist mit Jan Ullrich?«, flüstert es aus einem flachen Honigbusch, »ist er nicht der ewige Zweite und damit das eigentliche Beta-Tier?«

»Unser Ulle!?«, rufe ich zurück. »Ach was! Hast du schon einmal gehört, wie es klingt, wenn der erklärt, in diesem Jahr wolle er es Armstrong wirklich zeigen? Es klingt wie bei Asterix, wenn die verdroschenen Römer auf Kommando murmeln, dass die Gallier diesmal aber echt nix zu lachen hätten. Und außerdem. Was hat unser Ulle schon angestellt? Er hat mal seinen Porsche besoffen in einen Radständer gesetzt. Nein, nein. Unser Ulle ist ein friedliches Gamma-Tier, das aus Versehen mit den stärksten Waden der Welt und einer viel zu großen Lunge geboren wurde.«

Der Honigbusch schweigt. Doch von einem der weiter entfernten Schäferbäume ertönt ein Lockruf. »La-lo-lä!«, trillert es. »La-lo-lä!«

Klar! Oskar Lafontaine! Des Saarlands pfiffiges Napoleönchen, das Seite an Seite mit dem Alpha-Tier Schröder das Gamma-Tier Scharping am Nasenring herumführte, als dieses sich in einem Anfall von Selbstüberschätzung für spitzentauglich hielt. Und das anfing rot zu sehen, als Alpha-Schröder immer hartnäckiger Kanzler wurde: *Schröder soll zurücktreten! Das Volk lässt sich nicht auflösen! Ich werde eine eigene Partei gründen! Links von der SPD!*

Vom Horizont her höre ich eine Hyäne lachen. Was will sie mir sagen? Dass ich die Beta-Tiere in der CDU nicht vergessen darf? Die Herren vom Andenpakt, die gleichfalls lieber die eigene Partei zerlegen werden, bevor sie sich dem Alpha-Weibchen aus Ostdeutschland unterwerfen?

Ich halte mir die Ohren zu. Hinter den Bergketten kündigt sich ein Gewitter an.

Das Beta-Tier wird niemals verkraften, kein Alpha-Tier zu sein.

Geht nicht aus allen Biografien von Serien- und Massenmördern hervor, dass sie sich für die geborenen Alpha-Tiere halten, dass dies außer ihnen selbst nur leider niemand erkennen will? Glaubte der Amok-Schüler von Erfurt, Robert Steinhäuser, nicht fest an seine natürliche Überlegenheit, während der Schuldirektor ihn längst abgeschrieben hatte? Wollte der aus einer braven kleinbürgerlichen Gamma-Familie stammende Magnus Gäfgen nicht unbedingt bei den Kindern der Frankfurter Alpha-Familien mitspielen, so sehr, dass er eins von ihnen, den Bankierssohn Jakob von Metzler, entführte und tötete?

Das Beta-Tier nimmt keine Rücksicht auf Verluste. Weder auf eigene, geschweige denn auf fremde.

Ein erster Tropfen trifft mich auf der Stirn. Unbewegt bleibe ich sitzen. Ich weiß, dass es keine Adlereule ist, die mich vom fahlen Bastardkameldorn herab anstarrt. Es ist das Urbild der neusten Terroristenspezies: der *Mohammed-*

Atta-Täter. Junge Männer, im nahen Orient zusammen mit viel zu vielen anderen jungen Männern geboren. Mamas kleiner Alpha-Tyrann, schon bevor er gehen kann, Papas Fünftgeborener – oder war er doch nur der Siebte? Vielleicht ist der Witz, warum Busse zehn Meter breit und nur einen Meter lang sind (weil alle neben dem Fahrer sitzen wollen) gar kein ostfriesischer, sondern ein muslimischer. Irgendwann merkt Mamas kleiner Tyrann, dass alle wichtigen Positionen in Papas Erdöl-Imperium schon mit seinen älteren Brüdern besetzt sind und für ihn selbst bei Lichte besehen nur die Rolle des Gamma-Bruders bleibt. Und so geht er entweder zu den Muslimbrüdern, die ihn als Einzelnen zwar gnadenlos noch nicht einmal zum Gamma-, sondern gleich zum Omega-Tier zurechtstutzen, aber ihm zum Ausgleich erzählen, dass sie – alle zusammen – Alphaplus sind. Oder Mamas kleiner Tyrann ist noch cleverer und geht erst einmal in den Westen. Denn im verkommenen Westen darf sich selbst der Beta-Muslim als Alpha-Tier fühlen. Doch irgendwann merkt Mamas kleiner Tyrann, dass der Westen seinen gottgegebenen Alpha-Anspruch nicht anerkennen will, sondern ihn – nun ja: bestenfalls als Beta-Tier behandelt. Das ist der Moment, in dem Mamas kleiner Tyrann den Pilotenschein macht. Landeerlaubnis unnötig.

Als ich das nächste Mal nach oben schaue, ist der Himmel schwarz. Es regnet, als habe irgendwer beschlossen, aus der Steppe ein Meer zu machen. Ich lasse meinen durchweichten Sonnenstuhl stehen und renne davon.

Beim Abendessen ist mir bereits übel, bevor ich erfahre, dass der Fleischauflauf, den es gab, aus Springbock gemacht war. Draußen sind überall Pfützen, und meine Schuhe sind gerade getrocknet, dennoch gehe ich los, um den Wildhüter zu suchen. Er steht auf der Terrasse und schaut der dampfenden Erde zu.

»Sie haben heute Morgen die Geschichte nicht zu Ende erzählt«, rufe ich, bevor er mich hat kommen hören. »Was ist aus dem Beta-Löwen geworden?«

Der Wildhüter dreht sich um. »Aus unserem *Troublemaker*?« Er lächelt ein trauriges Lächeln. »Er ist noch ein drittes Mal ausgebrochen. Dann haben wir ihn in den Hochsicherheitstrakt gebracht.«

»In den Hochsicherheitstrakt?«, frage ich. Der Horizont glüht.

»Ja. Unser Beta-Löwe sitzt jetzt in Johannesburg«, sagt der Wildhüter und wendet sich der fast versunkenen Sonne zu. »Im Zoo.«

Leben unter Vorbehalt

Thea Dorn fragt sich, wie die Generation, die mit ihrer Freiheit nichts anzufangen weiß, doch noch erwachsen werden kann.

Vor Kurzem lernte ich auf einer Party eine Frau kennen. Nina ist Anfang dreißig, lebt in Berlin, hat längere Beine als Marlene Dietrich, ein ansteckenderes Lachen als Liselotte Pulver, und als ich erfuhr, dass sie Bezirksmeisterin in Karate war und gerade an einer Reportage über »moderne Piraten« schreibt, war ich endgültig beeindruckt.

Wir verabredeten uns für die folgende Woche auf einen Kaffee, und ich dachte: »Endlich mal eine entspannte, souveräne Frau.«

Als ich Nina im Café traf, war ich wieder beeindruckt. Sie erzählte von ihrer Reise durch Indonesien, Sumatra, Malaysia, die sie im letzten Sommer (allein) unternommen hatte, und bei der ihr die Idee zu der Reportage gekommen war. Vielleicht enthielte die Geschichte sogar genügend Stoff für ein Buch.

Irgendwann später – wir waren vom Kaffee auf Gin Tonic umgestiegen – erklärte sie, dass das mit dem Beruf doch alles nicht so wichtig sei. Im Übrigen sei ohnehin völlig unklar, ob sie die Reportage, geschweige denn das Buch, jemals unterbringen würde. Außerdem hänge ihr die ganze Schreiberei zum Hals heraus. Im Grunde sei sie nur deshalb beim Journalismus gelandet, weil ihr damaliger Freund auch geschrieben habe, und sie das Gefühl gehabt habe, sie müsse »ihm das Wasser reichen«. Wenn sie ehrlich wäre, würde sie viel lieber etwas ganz anderes machen: Yogalehrerin zum Beispiel. Oder einen Weinladen eröffnen. Berlin könne sie auch nicht mehr ertragen – andererseits sei sie in den letzten zehn Jahren elfmal umgezogen, und die ewige Umzieherei hänge ihr noch mehr zum Hals heraus als die Schreiberei. Die Wahrheit sei, dass sie endlich einen richtigen Mann kennenlernen wolle, und nicht immer nur solche »Hallöchens«, mit denen man ein paar Wochen Spaß haben könne, die aber niemals für »was Ernsthaftes« infrage kämen. Das sei nämlich die »Wahrheit zwei«: Sie wolle Kinder, und es kotze sie an, wie unzuverlässig die Kerle seien. Aber vielleicht liege es ja auch an ihr, sie selbst sei schließlich unfähig, sich dauerhaft zu binden – sie bringe es nicht einmal fertig, eine Zimmerpflanze so zu gießen, dass sie nicht nach einem Monat die Blätter hängen ließe. Inzwischen sei sie so weit, dass sie ihre Schwester, die in einer süddeutschen Kleinstadt lebt, seit zehn Jahren verheiratet ist, in der Arztpraxis ihres Mannes mithilft und sich ansonsten einfach nur um ihre drei Kinder und den Garten kümmert – dass sie diese Schwester, die sie früher stets verachtet hatte, um ihr Leben beneiden würde.

Auf dem Heimweg war ich einigermaßen ratlos. Nicht, weil mir diese Anwandlungen, das Gefühl, im Vorspiel zum eigentlichen Leben steckengeblieben zu sein, gänzlich fremd wären. Auch ich habe zwischen verschiedensten

Jobs, Wohnungen, Beziehungen gelebt, als sei das Leben ein Cabrio, das man nach misslungener Testfahrt wieder beim Autohändler zurückgibt, um es beim nächsten Mal lieber mit einem Geländewagen zu versuchen. Allerdings liegt diese Lebensphase hinter mir. Und ich bin froh, dass ich keine Energie mehr darauf verschwenden muss, mir auszumalen, was ich alles tun werde, »wenn ich groß bin« – sondern dass ich meine ganze Kraft in die Gestaltung jenes Lebens stecken kann, das ich tatsächlich führe: Mit dem Beruf, den ich liebe, mit dem Mann, den ich liebe, in der Stadt, in der ich heimisch geworden bin.

Habe ich einfach nur Glück gehabt? Oder gibt es einen Grund, warum ich mich mit Ende dreißig in meinem Leben angekommen fühle – und das, obwohl mir alle Attribute der klassischen, »bürgerlichen« Arriviertheit fehlen: Weder bin ich verheiratet, noch habe ich Kinder oder ein Eigenheim – während Nina von dem Gefühl gehetzt wird, sich in der Warteschleife zu ihrem eigentlichen Leben verheddert zu haben?

Das heimliche Aschenputtel

Anfang der 80er Jahre veröffentlichte die amerikanische Psychotherapeutin Colette Dowling ein Buch, in dem sie analysiert, warum so viele scheinbar emanzipierte, beruflich durchaus erfolgreiche Frauen mit ihrem Leben unzufrieden sind – unabhängig davon, ob sie in Beziehungen leben oder nicht, und unabhängig davon, ob sie Kinder haben oder nicht. Es heißt *Der Cinderella-Komplex*, und die Autorin kommt zu dem ernüchternden Ergebnis: »Im tiefsten Inneren will ich nicht selbst für mich sorgen. Ich möchte, dass es jemand anders tut.«

Gerade jüngere Frauen verdrehen allerdings genervt die Augen, wenn man den Verdacht äußert, dass sie, fünfundzwanzig Jahre später, immer noch an diesem »Cinderella-Komplex« litten. Ich bin sicher: Auch ich hätte in meinen Zwanzigern angefangen loszufauchen, hätte mir jemand unterstellt, auf dem Grunde meines rebellisch spätpubertären Herzen ein Aschenputtel zu sein. Als ich das Buch vor einigen Jahren las, musste ich jedoch an meine eigenen, völlig missratenen Beziehungsversuche der damaligen Zeit denken. Nach allem, was ich heute weiß, bin ich wohl tatsächlich nicht auf der Suche nach einem »Beschützer« im klassischen Sinne gewesen – aber hatte ich von meinen »Partnern« nicht insgeheim erwartet, dass sie mich *mit mir* versöhnten? Dass sie mir endlich zeigten, was in mir steckt? Wer ich *wirklich* bin?

Bei den Gesprächen, die ich zu meinem Interviewbuch *Die neue F-Klasse* geführt habe, war ich überrascht, als Sarah Wiener, die erfolgreiche Köchin und Unternehmerin, die gewiss nicht im Verdacht steht, ein Aschenputtel zu sein, unverblümt zugab: »Obwohl meine Mutter zu mir [...] immer gesagt hat: ›Heirate bloß nie!‹, habe ich meine Internatszeit im Wesentlichen damit zugebracht, von dem tollen Typen zu träumen, der eines Tages kommen und mich auf seinen starken Händen endlich in mein Leben hineintragen wird. […] Als Jugendliche dachte ich nur: Ich kann nichts und bin nichts. Gleichzeitig hatte ich tief in mir drin das Gefühl: Aber eigentlich bin ich ja etwas ganz Besonderes und Tolles. Vielleicht war ich so eine Art Froschkönigin. Ich dachte, wenn der Prinz auf dem weißen Schimmel angeritten kommt und mich küsst, dann bricht mein Lebensglück, dann brechen Glanz und Gloria endlich hervor.«

Auf meine Nachfrage, ob es denn so gekommen sei, antwortete Sarah Wiener lachend: »Ich muss meinen beiden Ehemännern wirklich dafür danken, dass sie keine *Mr. Rights* waren. Wer weiß, wenn sie zuverlässiger, ›perfekter‹ gewesen wären, hätte ich vielleicht noch viel länger gebraucht, um zu erkennen, was eigentlich jedes Horoskop-Abziehsprüchlein weiß: ›Dein wahres Glück, liebe Sarah, das liegt nur in dir selbst.‹«

An diese Selbsterkenntnis und an Ninas Unglück musste ich denken, als mir das Buch *Neue deutsche Mädchen* von Jana Hensel, Jahrgang 1976, und Elisabeth Raether, Jahrgang 1979, in die Hände fiel. Anfangs ärgerte ich mich über den Titel, weil ich es für einen albernen Verlagseinfall hielt, ein Buch über dreißigjährige Frauen *Neue deutsche* Mädchen zu nennen. Doch im Laufe der Lektüre wurde mir klar, dass der Titel keinem bloßen Marketingkalkül entsprungen war, sondern dass die Autorinnen sich tatsächlich eher als unbehauste, suchende »Mädchen«, denn als gestandene Frauen begriffen.

So schreibt etwa Elisabeth Raether: »Ich blieb in keiner

meiner Berliner Wohnungen länger als ein Jahr [...] Deshalb machte ich mir gar nicht erst die Mühe, mich einzurichten. Von den Zimmerdecken hingen Glühbirnen, statt Bilder aufzuhängen, klebte ich mit Tesafilm Postkarten an die Wand; meine Bücher stapelte ich auf dem Boden. [...] Ich war nicht die Einzige, die so lebte. In einer Wohnung, in der ich einmal eine Nacht verbracht habe, lehnte im Schlafzimmer gegenüber vom Bett ein Mountainbike an der Wand, sodass ich den Eindruck bekommen konnte, ich säße in einem Straßencafé. Es gab keine Vorhänge, und stattdessen waren Bettlaken über den Fensterrahmen geworfen worden. Dort, wo andere im Bad einen Spiegel anbrachten, ragten Kabel aus einem Loch in den Kacheln.«

Nun muss ein minimalistischer Hausstand ja nicht automatisch der Ausweis einer inneren Leere und Haltlosigkeit sein. Auch ich habe in meinen Studienjahren aus zwei Koffern gelebt, zeitweise sogar auf einer Luftmatratze geschlafen. Manche meiner Freunde leben immer noch mit so leichtem Gepäck, dass sie morgen problemlos nach Amerika auswandern könnten. Andererseits habe ich höchstes Verständnis, wenn einem dieses Leben aus der Kiste irgendwann auf den Nerv geht. Ich selbst habe im vergangenen Jahr zum ersten Mal eine Schrankwand gekauft.

Stutzig wurde ich jedoch, als ich las, wovon die junge Wahlberlinerin in ihrer kargen Wohnung träumte: »Ich sehnte mich nach alten Formen, nach richtigen Möbeln, nach schweren Lampenschirmen, nach Bilderrahmen, die an die Wand gedübelt werden, nach Ordnung und Vorhersehbarkeit, nach Verlässlichkeit.«

Vom Biedermeierlichen einer solchen Einrichtungssehnsucht ganz abgesehen – werden hier nicht Ursache und Wirkung verkehrt? Meine Schrankwand habe ich mir zu einem Zeitpunkt gekauft, an dem ich das Gefühl hatte: Ja, ich bin in meinem Leben in einer Weise angekommen, dass ich mir nicht mehr alle Flucht- und Hintertüren offen halten muss. Aber nie hätte ich von einer Schrankwand erhofft, dass sie Ruhe und Stabilität in mein Leben bringen würde.

Den Verdacht, dass die »schweren Lampenschirme« im Grunde nur ein Platzhalter für den Mann sind, der endlich »Ordnung, Vorhersehbarkeit, Verlässlichkeit« in ihr Leben bringen soll, formuliert Elisabeth Raether selbst: »Ich hätte es nie zugegeben, aber ich habe geglaubt, die Liebe würde mich von jeder Sorge befreien und jeden emotionalen Konflikt für mich lösen.«

Da begegnet es uns also wieder, das »Großstadt-Aschenputtel«, das auf hohen Absätzen scheinbar souverän durchs Nachtleben stöckelt – und sich in Wahrheit doch nach der großen Liebe sehnt, die seinem Leben endlich Halt und Verbindlichkeit schenkt.

Nun ist es auch in früheren Zeiten nicht einfach gewesen, einen »Märchenprinzen« zu finden. Doch heute scheint es so schwer geworden zu sein wie noch nie.

»Sag mir, wo die Prinzen sind ...«

Nur wenige Jahre nachdem Colette Dawling ihren *Cinderella-Komplex* veröffentlicht hatte, diagnostizierte der amerikanische Familientherapeut Dan Kiley bei den Männern der westlichen Wohlstandsgesellschaften ein entsprechendes »Peter-Pan-Syndrom«: die Weigerung, erwachsen zu werden und im Leben Verantwortung zu übernehmen.

Dass auch Kileys Beobachtungen zwanzig Jahre später nichts von ihrer Aktualität verloren haben, wird klar, wenn man das Buch *Schöne junge Welt* von Claudius Seidl liest. Darin beschreibt der Journalist, Jahrgang 1959, die Männer seiner Generation als verschärfte Peter Pans, die nicht im Traum daran denken, in die Rolle des gesetzten Familienvaters zu schlüpfen, sondern trotz beginnender Geheimratsecken ihre Anzüge immer noch ohne Krawatten, ihre Schuhe immer noch ohne Socken tragen und nächtelang auf angesagten Partys mit »Frauen, wunderbaren Frauen« abhängen. Das Verbindlichste, das eine Frau auf der Suche nach einem stabileren Leben – zu dem möglicherweise auch Kinder gehören sollen – diesem Typus Mann entlocken kann, ist ein »vielleicht später«.

Und wenn sie nicht gestorben sind, dann sitzen sie immer noch in ihren kargen Wohnungen und warten, verschieben, warten ... So enden die modernen Großstadtmärchen, in denen Aschenputtel auf Peter Pan trifft.

Und als sei die Lage damit nicht verfahren genug: Selbst wenn Aschenputtel ausnahmsweise einen Prinzen trifft, muss es feststellen, dass es dieses Leben auch nicht wirklich glücklich macht.

Während eines längeren Arbeitsaufenthaltes in Paris lernt Elisabeth Raether einen dreißig Jahre älteren Mann kennen. Der erfolgreiche Anwalt hat sich zwar gerade von Frau und Kind getrennt, dafür weiß er, was sich einer jungen Geliebten gegenüber gehört, nämlich sie immer dann anzurufen, wenn er versprochen hat anzurufen, ihr eine Kreditkarte mit hohem Verfügungsrahmen auszuhändigen und sie in Restaurants auszuführen, in denen es noch die Einrichtung der »Damenspeisekarte« gibt. Eine Weile fühlt sich die Autorin geborgen, hat zum ersten Mal im Leben den Eindruck, das Rastlose ihrer Existenz abgestreift zu haben. Doch nach und nach setzt das Gefühl ein, dass dieses Leben auch nicht alles gewesen sein kann. Dass die Geborgenheit, die sie zu verspüren meint, schal wird. Dass die Autorin als junge, gut ausgebildete, ehrgeizige Frau der Anforderung, einen Weg *für sich selbst* finden zu müssen, nicht ausweichen kann.

Wer einmal den Duft der Freiheit geschnuppert hat, fühlt sich auf Dauer in keinem Käfig mehr wohl. Ganz gleich, wie edel dieser parfümiert ist.

Entscheiden lernen

In dem Lied »So viel Leben« der jungen Berliner Band »Mathilda« heißt es halb ironisch, halb resigniert: »Was fang' ich mit so viel Freiheit an? Da brauch' ich ja einen, der frei sein kann, einen, der weiß, wie's geht.«

In keiner anderen Gesellschaft, zu keiner anderen Zeit haben die Frauen so viele Freiheiten gehabt, wie die heutigen Frauen in den westlichen Gesellschaften: Wir sind frei, den Lebenspartner zu wählen, den Beruf, den Wohnort. Wir sind frei, uns für oder gegen Kinder zu entscheiden. Allesamt Freiheiten, die von unseren Vorgängerinnen mühsam erfochten wurden. Und von denen die Frauen in der arabischen Welt, in Bangladesh, in weiten Teilen Afrikas oder Lateinamerikas immer noch träumen müssen.

Warum tun sich viele von uns dann so schwer damit, diese Freiheiten beherzt zu ergreifen, sondern fühlen sich von diesen Freiheiten stattdessen gelähmt?

In Freiheit zu leben, bedeutet Entscheidungen treffen zu müssen. Und zwar nicht nur die, ob ich mir lieber eine grüne, eine gelbe oder gar keine Handtasche kaufe – sondern vor allem bedeutet es, fundamentale biografische Entscheidungen zu treffen. Jede Entscheidung ist aber von der Angst begleitet, es könnte die falsche gewesen sein. Und in der Tat: Niemand garantiert uns, dass wir richtig liegen.

Kluge Entscheidungen treffen zu können ist keine Gabe, die vom Himmel fällt. Je unübersichtlicher die Welt wird, desto wichtiger ist es, einen Instinkt dafür zu entwickeln, wer ich bin – und was für mich im Leben gut ist. Sonst geht es mir wie dem Esel, der zwischen zwei Heuhaufen verhungert, weil er sich nicht entscheiden kann, von welchem er zuerst fressen soll. Die allerwenigsten von uns sind so klare Einzelbegabungen oder bringen so klare Anlagen mit, dass sie mit fünfzehn schon wissen: »Ich will Informatikerin werden. Heiraten will ich auch, und spätestens mit dreißig bekomme ich mein erstes Kind« – und dann auch tatsächlich imstande sind, auf dieses Ziel unbeirrt zuzumarschieren. Alle anderen müssen sich an das, was sie im Leben wollen, erst mühsam herantasten.

Nun scheint das Problem von Frauen wie Nina oder Elisabeth Raether nicht zu sein, dass sie zu wenig ausprobiert hätten. Im Gegenteil: Es ist sprichwörtliches Kennzeichen der »Generation Praktikum«, dass sie höchst mobil ist, vielseitig ausgebildet, in alle möglichen Berufsfelder hineingeschnuppert und auch auf dem Feld der Beziehungen wenig unversucht gelassen hat. Allerdings scheint bei ihnen dieses Ausprobieren nicht dazu geführt zu haben, dass sie zehn Jahre später eine klarere Ahnung davon hätten, wer sie sind. Viele stehen mit Ende zwanzig weit ratloser und frustrierter da, als sie es nach dem Schulabschluss je gewesen sind. In Amerika hat sich dafür bereits der Begriff der *Quarterlife Crisis* eingebürgert.

Offensichtlich ist also nicht jedes Ausprobieren ein produktives Ausprobieren. Als »überdrehte Erstarrung« bezeichnet es der Psychologe Stephan Grünewald, wenn man von einer Stadt in die nächste, von einem Praktikum zum nächsten, von einer Partnerschaft in die nächste hetzt und sich dennoch in einer einzigen Warteschleife gefangen fühlt.

Die Angst davor, sich festzulegen, klare Entscheidungen zu treffen, regiert immer tiefer in unser Alltagsleben hinein: Jeder, der in den letzten Jahren versucht hat, eine Silvesterparty zu organisieren, dürfte die Erfahrung gemacht haben, dass die meisten Gäste nur unter Vorbehalt zusagen. Denn wer weiß, vielleicht kommt ja die »noch tollere« Einladung ins Haus geschneit ... Nicht selten führt diese Zögerlichkeit dazu, dass man am Schluss den Jahreswechsel allein zu Hause verbringt. Und zwar nicht, weil man es genießen würde, um Mitternacht den Korken allein knallen zu lassen. Sondern weil man sich wieder einmal nicht entscheiden konnte.

Diese verbreitete Mentalität, »sich alle Optionen offenzuhalten«, hat mit Vitalitätsgewinn nichts zu tun. Ebenso wenig wie die panische und gleichzeitig gelähmte Hektik bei der größeren Lebensplanung mit dem Prozess des »*Trial and Error*« zu tun hat, in dem ich idealerweise den Weg zu mir selbst finde. Jener Prozess verlangt nämlich von mir, dass ich nach jedem *Error* einen Schritt zurücktrete und mich frage – warum bin ich gescheitert? Warum fühlt es sich falsch an? Es bringt nichts, sich zehnmal hintereinander mit demselben Typus Mann einzulassen, wenn ich merke, dass ich jedes Mal gegen dieselbe Wand renne. Ebenso wenig bringt es, wie auf einer Perlenkette Praktikum an Praktikum zu reihen, obwohl mir längst dämmert, dass sich daraus keine vernünftige Arbeitsperspektive ergeben wird.

Die Berufsberaterin Uta Glaubitz hat ein Buch über die »Generation Praktikum« und deren Schwierigkeiten geschrieben. Ihr Rat: »Die Leute sollten sich viel mehr Zeit nehmen, in sich hineinzuhorchen, um herauszufinden, welche Art von Tätigkeit sie wirklich befriedigt und auf welchem Feld sie wirklich engagiert und gut sind. Stattdessen lassen sie sich von allen Seiten einflüstern, was der Arbeitsmarkt angeblich von ihnen erwartet. In einer Zeit, in der die Trends und Parolen immer schneller wechseln, muss einen das verrückt machen. Die Frustration ist vorprogrammiert.«

Es stimmt mich jedes Mal traurig, wenn ich Frauen wie Nina treffe. Denn die simple Wahrheit ist, dass wir nur dieses eine Leben haben – und es ein Jammer ist, wenn wir unsere besten Jahre damit vergeuden, auf den großen Startschuss zu warten.

Und es macht mich wütend, wenn ich von Frauen höre, dass sie sich danach sehnen, dass ihnen schwere Lebensentscheidungen wie Berufswahl oder Fortpflanzung vom »starken Mann« oder – wenn der nicht zu haben ist – vom schlichten Zufall abgenommen werden. Generationen von Frauen vor uns und Millionen von Frauen in anderen Teilen der Welt träumen davon, wenigstens über die grundlegenden Aspekte ihres Lebens selbst entscheiden zu dürfen. Nur wir Luxusweibchen empfinden diese Entscheidungsfreiheit als Entscheidungslast und träumen deshalb laut oder leise davon, wieder von ihr befreit zu werden?

Mein persönliches Schlüsselerlebnis war der 11. September 2001, an dem mir klar wurde, dass der Reiz unseres heutigen westlichen Lebensstils eben nicht nur darin besteht, zwischen fünf Sorten Cola und fünfhundert Handtaschen wählen zu können. Sondern dass sich in ihm eine existenzielle Freiheit ausdrückt, die manchmal schwer zu verkraften und noch schwerer zu gestalten ist – und dennoch die beste Lebensform, die die Menschheit bislang zustande gebracht hat.

Deshalb bin ich zu dem Schluss gekommen, dass uns nichts anderes übrig bleibt, als diese Lebensform zu verteidigen – anstatt sie selbst von innen heraus zu zersetzen, indem wir uns wie verwöhnte, gelangweilte und gleichzeitig verängstigte Kinder benehmen.

Akzeptieren wir, dass wir in einer verwirrenden, unübersichtlichen, anstrengenden Welt leben! Hören wir auf, das »Meer der Möglichkeiten«, wie Claudius Seidl es nennt, wahlweise als Plantsch- oder Haifischbecken misszuverstehen! Lasst uns die Herausforderung, lebenslang rudern, steuern und den Horizont suchen zu müssen, annehmen! Jeder von uns. Ganz gleich, ob Mann oder Frau. Mögen die Cinderellas aufhören, vom Prinzen zu träumen, der sie auf seine starken Arme hebt und über die Schwelle zu ihrem eigenen Leben trägt, und mögen die Peter Pans begreifen, dass es nichts bringt, jede Nacht mit »Frauen, wunderbaren Frauen« abzuhängen, um sich davon abzulenken, dass auch sie noch lange nicht im eigentlichen Leben angekommen sind!

Und wenn wir endlich erkannt haben, dass nur wir selbst imstande sind, uns mit unserem Leben auszusöhnen und diese schwierige Aufgabe keinem anderen mehr aufbürden wollen – dann finden wir eines Tages vielleicht auch den Job, der uns befriedigt und ernährt; den Freundeskreis, der nicht nur aus losen, schnelllebigen, nützlichen Kontakten besteht; das Zuhause, in dem wir die Bilder tatsächlich an die Wände dübeln und nicht nur dagegen lehnen; und zu guter Letzt auch den Partner, an dessen Fell wir uns wärmen können, wenn uns die kalten Winde der Freiheit wieder einmal allzu garstig um die Ohren pfeifen.

SOS Multikulti

Thea Dorn geht nicht zum Karneval der Kulturen. Stattdessen liest sie die Autobiografie von Ayaan Hirsi Ali.

Im Mai fand des fortschrittlichen Berliners liebstes Straßenfest statt: Der Karneval der Kulturen. Chinesische Drachen schwänzelten um brasilianische Samba-Königinnen herum, afrikanische Medizinmänner trommelten sorbischen Gurkenprinzessinnen den Marsch, und ein paar echte Schwarzwaldmädel durften auch mittanzen. So schön und bunt kann Multikulti sein.

Nun gehört zu jedem richtigen Karneval nicht nur das Feiern, sondern auch der Aschermittwoch, an dem alles vorbei ist. Deshalb traf es sich gut, dass just am Aschermittwoch der Kulturen zwei Bücher muslimischer bzw. ehemals muslimischer Frauen erschienen sind, die daran erinnern, dass nicht alles Karneval ist, wo »Kulturen« draufsteht.

Weil sie unerkannt bleiben möchte, erzählt »Inci Y.« ihre Geschichte unter Pseudonym: Wie sie 1970 im türkischen Viertel einer deutschen Kleinstadt geboren, als Mädchen zur Großmutter nach Ankara abgeschoben, als Jugendliche wieder nach Deutschland zurückgeholt und schließlich auf Betreiben der Mutter mit einem jungen Mann in einem anatolischen Dorf verheiratet wird – die (muslimisch brav verheiratete) Mutter hat mit dem Vater dieses jungen Mannes eine Affäre und braucht ein Alibi, um öfter in sein Dorf reisen zu können. Inci Y. berichtet vom paranoiden Kult, der vor der Hochzeit um ihre Jungfräulichkeit veranstaltet wird, von den inner- und außerehelichen Vergewaltigungen, die sie mit anerzogener Duldsamkeit über sich ergehen lässt. Und sie erzählt vom Versagen des deutschen Schulsystems, welches sie – die im Unterricht jegliche Teilnahme verweigert – mit dem Vermerk »nf« (»Wissensstand nicht feststellbar«) von Klasse zu Klasse verschiebt. Bis endlich eine Lehrerin auftaucht, die ihr Noten gibt – Fünfen und Sechsen. Inci bleibt sitzen. Und freut sich, dass sie zum ersten Mal ernst genommen wird, so behandelt wie eine deutsche Schülerin, anstatt, mit dem fragwürdigen Freibrief »Einwandererkind« ausgestattet, unter allen Messlatten hindurchrutschen zu dürfen.

Der Titel *Erstickt an euren Lügen* meint nicht nur die Glaubensbrüder und -schwestern, die ein entjungfertes Mädchen vor der Hochzeit lieber wieder zunähen lassen, als den barbarischen Tanz ums Jungfernhäutchen zu hinterfragen. Er meint auch die deutschen Islamversteher und -versteherinnen, die diesen Tanz für eine besonders beklatschenswerte Nummer beim Karneval der Kulturen halten.

Nicht anonym, dafür mit noch größerer Wut auf beide Seiten schreibt eine, die es aus eigener Kraft geschafft hat, sich aus dem »Jungfrauenkäfig« zu befreien: Ayaan Hirsi Ali. In die Schlagzeilen geriet die 1969 in Somalia geborene Politikerin und Frauenrechtsaktivistin, die 1991 vor ihrer Zwangsverheiratung in die Niederlande flüchtete, im November 2004, als ein junger Marokkaner den Filmemacher Theo van Gogh in Amsterdam auf offener Straße ermordete. Van Gogh hatte *Submission Part I* gedreht – einen Kurzfilm nach einem Drehbuch von Hirsi Ali, der die verschiedenen Spielarten der Unterwerfung der Frau im Islam zeigt. Der Brief, der sich an dem Messer befand, das der muslimische Attentäter Theo van Gogh in die Brust gerammt hatte, kündigte an, dass Hirsi Ali das nächste Opfer sein werde. Der Polizeischutz, unter dem sie ohnehin bereits stand, seit sie sich öffentlich vom Islam distanziert und zum Atheismus bekannt hatte, wurde verstärkt, Hirsi Ali tauchte unter, zunächst in den Niederlanden, dann in den USA, »weil man dort weiß, was islamistische Bedrohung bedeutet« – so Hirsi Ali in einem Interview. Seit Anfang dieses Jahres sitzt sie wieder im niederländischen Parlament, gibt Interviews, tritt öffentlich auf.

Mit *Ich klage an* erscheint zum ersten Mal ein Buch dieser unerschrockenen Frau auf Deutsch. Die hasserfüllten Reaktionen werden auch hierzulande nicht lange auf sich warten lassen. Zum Beispiel, weil Hirsi Ali »Zehn Tips für Muslimas, die weglaufen wollen« gibt – diese reichen von pragmatischen Hinweisen bis zu seelischem Zuspruch.

Aber es sind vielleicht gar nicht die praktischen Ermunterungen zum weiblichen Ungehorsam, die das muslimische Blut am stärksten in Wallung bringen: Viel härter trifft, dass Hirsi Ali mit lange gehegten Grundannahmen aufräumt. Zum Beispiel der, dass der Islam als solcher eine friedliche Religion sei und nur von einigen fehlgeleiteten Fundamentalisten missbraucht würde. Hirsi Ali hält den gesamten Islam in seiner heute real existierenden Form für unaufgeklärt, reaktionär, gekennzeichnet durch mangelnde Bereitschaft zur Selbstreflexion. Und sie bezweifelt, dass es hilfreich ist, das hohe Aggressionspotenzial bei jungen Männern in muslimischen Vierteln nur damit zu erklären, dass die Mehrheitsgesellschaft ihnen keine Chance gegeben hätte, sich zu integrieren. Hirsi Ali dagegen macht drei tief im muslimischen Bewusstsein verwurzelte Mentalitätsmerkmale verantwortlich für den mangelnden sozioökonomischen Erfolg der Mehrheit der Muslime in westlichen Ländern: das streng autoritär-hierarchische Denken, die mangelnde Ausbildung eines individuellen Selbstbewusstseins und Verantwortungsgefühls und schließlich die Weigerung, Frauen als gleichberechtigte Menschen zu akzeptieren. Die Ungleichheit der Geschlechter im Islam ist Hirsi Alis Kernthema. Was es heißt, in einem muslimischen Land ein Mädchen zu sein, hat sie früh gelernt: Wenn ihre Großmutter, die neun Töchter und einen Sohn hatte, gefragt wurde, wie viele Kinder sie habe, antwortete sie stets: »Eins.« Außerdem hatte diese Großmutter einen Ziegenbock. Wenn abends die Nachbarn ihre Ziegen nach Hause trieben, kamen sie auch am Haus der Großmutter vorbei. Sobald der Bock die Ziegen witterte, rannte er los, um die erstbeste zu bespringen. Auf die Frage der Kinder: »Warum bindest du den Bock nicht fest, tut er den Ziegen nicht weh?«, antwortete die Großmutter: »Wenn die Nachbarn etwas dagegen haben, dass mein Bock ihre Ziegen bespringt, sollen sie sie eben auf einem anderen Weg nach Hause führen.« Hirsi Ali erzählt diese Geschichte, um fortzufahren: »Im Islam wird der Mann als Ziegenbock beschrieben. Wenn er eine unverhüllte Frau sieht, bespringt er sie sofort.« – Und die Frau ist dann selbst schuld, sie hätte sich ja auch verhüllen können.

Dass solche Bemerkungen Hirsi Ali zu einer der bestgehassten Frauen in der muslimischen Welt gemacht haben, ist nicht weiter verwunderlich – und beweist, wie recht sie mit ihrer Einschätzung des Islam hat. Verwunderlich ist, dass sich auch die »guten«, »aufgeklärten« Westeuropäer so schwer damit tun, dieser Frau den Rücken zu stärken.

Der häufigste Kommentar, wenn der Name Hirsi Ali fällt, lautet: »umstritten.« Beharrlich wird daran festgehalten, dass sie nach ihrem Austritt aus der niederländischen sozialdemokratischen Arbeiterpartei jetzt Abgeordnete der »rechts«- oder »konservativ«- liberalen VVD sei. (Beeindruckend, wie gut man hierzulande über die niederländische Parteienlandschaft informiert ist.) Neben all dem Entsetzen über die Ermordung Theo van Goghs war man sofort bereit einzuräumen, dass die beiden mit ihrem Film die religiösen Gefühle von Muslimen verletzt hätten. (Offensichtlich müssen sehr viele Deutsche während der Ausstrahlung von *Submission Part I* Urlaub in Holland gemacht oder sich den Film im Internet angesehen haben, denn das deutsche Fernsehen hat ihn – sei es aus Träg-, sei es aus Feigheit – bis heute nicht gezeigt.)

Am wenigsten überrascht von all diesen Reaktionen dürfte Ayaan Hirsi Ali selbst sein. »Westeuropäer und Muslime haben einen Teufelspakt geschlossen«, schreibt sie. Und: »Die wenigen aufgeklärten Muslime werden von den westlichen Kulturrelativisten behindert.« Da sie aber ihren Kampf für Menschenrechte, Aufklärung und Emanzipation ernst meint, kann sie es nicht bei einem Achselzucken belassen. »Lasst uns nicht im Stich – Gönnt uns einen Voltaire!« – so lautet die eindringliche Forderung, die einer ihrer Essaytitel formuliert.

Darum noch einmal die Frage an uns, die »guten« Westeuropäer: Warum lassen wir Frauen wie Hirsi Ali im Stich? Warum gönnen wir den Muslimas und Muslimen keinen Voltaire?

Zum einen mag es an ihrem freimütig zugegebenen Atheismus liegen, der Hirsi Ali bei denen verdächtig macht, die in Zeiten grassierender Papst-Hysterien gerade ihren zweiten religiösen Frühling erleben. Zum anderen hat sie den Nachteil, eine Frau zu sein. Was sie uninteressant für diejenigen macht, die den Kampf gegen Frauenunterdrückung und für Gleichberechtigung schon immer für »Gedöns« hielten und unbeirrt glauben wollen, dass man im 21. Jahrhundert Frauenversklaver Frauenversklaver sein lassen und sie dennoch zu »guten Demokraten« erziehen könnte.

Was aber macht Hirsi Ali all denjenigen suspekt, die in innerwestlichen Zusammenhängen keine Gelegenheit auslassen, sich über Machotum zu erbosen, die es zum Schreien komisch finden, wenn ein bayerischer Katholik in einer Berliner Opernaufführung »Gotteslästerung!« brüllt, weil der Jesus-Statist mit blinkender Dornenkrone vom Kreuz steigt und mit ein paar feschen Nonnen tanzt? Wodurch »lassen sie sich verführen, die ›gekränkten‹ Muslime in Schutz zu nehmen?« – wie Hirsi Ali selbst fragt.

Eine auf den ersten Blick plausibel klingende Erklärung bietet die türkischstämmige Soziologin Necla Kelek in ihrem Buch über muslimische Zwangsehen *Die fremde Braut* an: »Gerade die gut meinenden Deutschen neigen dazu, in jedem hier Asyl suchenden Ausländer gleichsam den Wiedergänger eines vor dem Holocaust zu rettenden Juden zu sehen. Schuldbewusstsein scheint hierzulande wichtiger zu sein als die Verfassung.« Gegen die These spricht jedoch, dass die Beißhemmung, die »die gut meinenden Deutschen« immer dann haben, wenn es darum geht, Menschenrechtsverletzungen, die im Namen des Islam begangen werden, zu kritisieren, aussetzt, wenn es darum geht, israelische Exzesse gegenüber den Palästinensern anzuprangern. Wäre es nicht nahe liegender, in Israelis »Wiedergänger der vor dem Holocaust zu rettenden Juden« zu sehen als in Muslimen? Sind wir vielleicht doch immer noch heimliche Antisemiten, allen voran die guten, »Ich-bin-eine-Lichterkette«-Deutschen? Es ist komplizierter. Denn das diffuse Schuldgefühl, es für verdiente Strafe zu halten, wenn muslimische Attentäter Flugzeuge in Hochhäuser fliegen oder Vorortzüge in die Luft bomben, ist keine rein deutsche Spezialität. Der »gute Westler« kann sich individuell offensichtlich nur »gut« fühlen, wenn er erklärt, dass er kollektiv »böse« ist. Nun könnte man diesen Winkelzug der westlichen Psyche als kindlich rührend belächeln, wenn er nicht die, die ihm anhängen, zu der irrigen Annahme verleiten würde, dass sie, da sie ja bereits Schuldgefühle haben, sich per definitionem nicht mehr schuldig machen können. So wie der, der bereits die Grippe hat, sich nicht mehr anstecken kann. Mitnichten. »J'accuse« heißt nicht: Ich stelle mich auf den Markplatz und brülle: »Mea culpa!«. »J'accuse« heißt, dafür zu kämpfen, dass bestimmte Barbarismen, die Europa lange genug selbst begangen hat, nicht mehr begangen werden. Nichts wird »wieder gut« einfach dadurch, dass der Westen Blankoschuldscheine quer durch die Welt verteilt. Interessanterweise sind es Frauen – die sich bis vor Kurzem wenigstens ihrem Selbstverständnis nach doch eher zu den Unterdrückten als zu den Unterdrückern zählten –, die sich diesen Birkenstock-bequemen Schuldschuh des Westens besonders gern anziehen.

Wie schön wäre es, könnten die feministisch inspirierten Geschlechtsgenossinnen ihre alte Faustregel, dass jeder, der laut nach Freiheit und Menschenrechten ruft, in Wahrheit nur die Interessen des mächtigen weißen Mannes vertreten will, endlich überwinden. Und die Vermutung, dass jede Frau, die unversöhnlich ihre Stimme erhebt, irgendwie verdächtig ist, gleich mit. Doch unterschwellig scheinen noch immer viele zu glauben, unversöhnlich die Stimme zu erheben sei eine männliche Verhaltensauffälligkeit. Offensichtlich halten sich nicht nur fromme Muslimas lieber bedeckt.

Im *Spiegel* haben dieselben Redakteurinnen, die unlängst die Titelgeschichte »Allahs rechtlose Töchter« herausbrachten und damit zum ersten Mal eine breite Aufmerksamkeit für die Situation muslimischer Frauen in Deutschland schufen, nichts Besseres zu tun, als Hirsi Ali im Interview mit Bemerkungen zu belästigen wie: »Ihr Tschador besteht aus Bodyguards. War es das wert?« oder: »Nun klingen Sie selbst wie eine Märtyrerin. Die Terroristen vom 11. September waren auch bereit, für ihre Ideen zu sterben.«

Was soll das? Dass die Multikulti-Funkenmariechen der Grünen und anderer selbst ernannter Avantgardevereine in diesem Land für Hirsi Ali nicht Stellung beziehen, damit wird man leben müssen. Aber dass Frauen, die sonst einen klaren moralischen Kompass besitzen, ausgerechnet bei dieser Kämpferin unter Beweis stellen müssen, wie ganz doll kritisch sie sein können, ist lächerlich, ärgerlich und fatal, wenn es darum geht, das Projekt »Aufklärung des Islam von innen heraus« zu unterstützen.

Die Rot-Grün-Blindheit

Angela Merkel kandidiert zum ersten Mal fürs Kanzleramt. Thea Dorn wirft sich zum ersten Mal ins Wahlkampfgetümmel.

Tapfere Feministinnen glaubten einmal an die »weibliche Vernunft«. Tapfere Hegelianer glaubten an die »List der Vernunft«. Beide Ideen haben sich durch den Hinterausgang der Geschichte verabschiedet. Wenn man dieser Tage die Wahlkampf-Feuilletons liest, kommt man allerdings zu dem Ergebnis, dass so etwas wie eine »List der weiblichen Vernunft« am Werk sein muss. Zum ersten Mal kandidiert eine Frau fürs Kanzleramt. Zum ersten Mal sind neunzig Prozent aller Schriftsteller, Schauspieler, Musiker, die sich ins wahlkämpferische Getümmel werfen, Frauen. Frauen, deren größte Sorge es ist, Angela Merkel könnte Kanzlerin werden.

Angefangen hat alles wie immer. Mit Günter Grass. Und seiner düstren Prophezeiung, sollte am 18. September der rot-grüne Stern sinken, werde das deutsche Abendland gleich mit untergehen. Neu war, dass sich im Schatten des Nobelpreisträgers diesmal vor allem Autoren versammelten, die den Höhenflug der SPD unter Willy Brandt allenfalls aus der Windelperspektive erlebt hatten. Und dass auffällig viele Autorinnen dabei waren.

Der Ton wurde rauer, nachdem sich abzeichnete, dass

die Resonanz auf die Jungdichter-»Kampa 05« schwächlich zu bleiben drohte. Schriftstellerkollegen wie mich, die sich bislang nicht zu Rot-Grün bekannt hatten, erreichte eine Rund-E-Mail (»unterschreiben!.doc«), deren zentrales Argument lautete: Es sei völlig egal, welche Einwände man gegen das »rot-grüne Projekt« im Einzelnen habe, schließlich ginge es einzig und allein darum, dass man doch ganz sicher wisse, was man keinesfalls wolle – von der CDU/CSU regiert werden.

Die Zahl der Kollegen, die sich wach gerüttelt an die Stirn geschlagen und nach dem Unterschriftengriffel gefasst haben, muss überschaubar gewesen sein, deshalb legte Eva Menasse mit einer verschärften Kollegenschelte nach: Ihr Feiglinge habt Angst, euch die Dichterpfötchen schmutzig zu machen. Angesichts des Gedankens, man unterschreibe deshalb nicht, weil man zu den »höchstens fünfzehn Idioten« gehören könne, die mit Schwarz-Gelb sympathisieren, befiel Eva Menasse ein derartiges Grauen, dass sie ihn gleich wieder fallen ließ. Nebenbei sei angemerkt, dass sich zu diesem Zeitpunkt eine »Idiotin« bereits öffentlich zu erkennen gegeben hatte: Monika Maron. Ihr Artikel »Die deutsche Frage«, in dem sie Stellung für Angela Merkel bezogen hatte, wurde von der erbosten Schriftstellerkollegin mit keiner Silbe erwähnt. Dafür bezog sich Tanja Dückers wenige Tage später explizit auf Menasse und pochte auf ihr schriftstellerisches Recht »visionär« und nicht »pragmatisch« zu sein. Und als wolle sie der strengen Kollegin die Legitimation für ihre Kritik nachweisen, erklärte sie in ihrem Artikel brav, dass auch sie ihre Kreuzchen am Wahltag vermutlich bei Rot-Grün machen werde.

Woher kommt dieser anscheinend durch nichts erschütterbare Glaube, dass die Rot-Grünen in jedem Fall die Guten, die Schwarz-Gelben die Bösen sind? Auch ich hatte in meinem Jugendzimmer in den 80er Jahren die ersten Wahlplakate der Grünen hängen. Auch ich habe im letzten Wahlkampf gesagt: Schröder muss Kanzler bleiben. Aber muss ich das deshalb drei Jahre später immer noch sagen – wo sich nicht einmal der Kanzler selbst mehr sicher ist, ob er Kanzler bleiben will?

»Ja!«, scheinen meine Generationskolleginnen in erstaunlicher Eintracht zu rufen. »Nie wieder sechzehn Jahre Kohl!« Glauben sie wirklich, dass es mit einer Kanzlerin Merkel – die als Einzige in ihrer Partei den Mut hatte, den kohlschen Filz als Filz zu benennen – »gehe zurück zu 1982« heißen wird, ganz so, als wäre die Geschichte ein großes Monopoly-Spiel?

»Aber der Irak-Krieg!« In der Unterstützerdepesche für die SPD, die eine andere Schriftstellerin meiner Altersgruppe ins Netz gestellt hat, heißt es: »Nein zu Kriegseinsätzen? Auf immer und ewig!«

Und was ist, wenn im Nahen/Mittleren Osten oder in Nordafrika weitere islamistisch-faschistische Regierungen à la Taliban entstehen? Wenn Terroristen nicht länger einen höflichen Attentatsbogen um uns machen und unser pazifistisches Musterländle lediglich zur Planung benutzen, wie sie die Häuser unserer Nachbarn anzünden? Und war es nicht der SPD-Verteidigungsminister Struck, der den Satz sagte: »Deutschlands Sicherheit wird am Hindukusch verteidigt.«?

Könnte es sein, dass diejenigen, die am lautesten: »Nie wieder 80er-Jahre-Stillstand« rufen, in Wahrheit selbst hoffnungslos im 80er-Jahre-Weltbild steckengeblieben sind? Wo – befeuert vom zentralen Jugendlektüre-Erlebnis meiner Generation: Gudrun Pausewangs *Die letzten Kinder von Schewenborn* – die größte Angst die war, das nächste Atomkraftwerk werde in die Luft fliegen.

Wenn ich die Texte meiner Generationskolleginnen las, hatte ich bislang stets den Eindruck, sie hätten unter nichts mehr gelitten als unter der ideologischen Borniertheit ihrer 68er-Eltern. Nun sieht es so aus, als ob sie in ihrem politischen Denken um keinen Deut weniger ideologisch wären als diese selbst.

Und was hat das alles mit Frauen zu tun? Sieht man von dem Interview ab, dass Juli Zeh schon im Juni für die *Brigitte* mit sich selbst führte, um festzustellen, es sei eine Zumutung, auf »das Merkel« angesprochen zu werden, nur weil man Frau ist – gar nichts. Doch dann begann die *taz* letzten Samstag damit, ein Großaufgebot verschiedenster Künstlerinnen in Stellung zu bringen, die an Angela Merkel alle die gleiche besorgte Frage richteten: Aber werden Sie auch Frauenpolitik machen?

Ich vermute: nein, nicht wirklich. Doch an diesem Punkt lässt sich zeigen, worum es in der Auseinandersetzung eigentlich gehen sollte: Wollen wir weiter eine Regierung mit einem protektionistisch-paternalistischen (oder meinetwegen auch »maternalistischen«) Staatsverständnis? Oder wollen wir eine Regierung, für deren Chefin das zentrale Konzept der Eigenverantwortung immerhin kein Fremdwort zu sein scheint?

Wichtiger als Frauenpolitik ist eine Frau ganz vorn in der Politik. Es ist wahr, Deutschland liegt weit hinten, was zum Beispiel Ganztagsbetreuung für Kinder und damit die Entlastung von berufstätigen Müttern angeht. Aber Deutschland ist auch ein Neandertal, was die Beschreibungs-, Rezeptions- und Verhaltensmuster im Umgang mit Frauen in Führungspositionen angeht. So sagte Siemens-Chef Heinrich von Pierer im Jahre 2000 auf einem CSU-Parteitag zu Angela Merkel: »Ich habe nach Ihrer Rede auch geklatscht. Ich bin sogar aufgestanden.« Damals konterte Angela Merkel mit einem: »Gut, dann komme ich auch und klatsche, wenn Sie auf Ihrer Hauptversammlung reden.« Jetzt hat sie den Exchef zu ihrem Chefberater gemacht.

Und damit zurück zur »List der weiblichen Vernunft«. Ob einer meiner frauenbesorgten Kolleginnen schon einmal der Gedanke gekommen ist, die Tatsache, dass im Augenblick *sie* die politische Feuilleton-Debatte bestimmen, könnte eine erste Auswirkung davon sein, dass Angela Merkel Kanzlerkandidatin ist? Ich bin neugierig, welche Verhältnisse in diesem Land noch in Bewegung geraten, wenn Angela Merkel im Herbst tatsächlich Kanzlerin ist.

Gute Deutsche

Der deutsche Intellektuelle warnt vor dem deutschen Staat. Thea Dorn warnt vor dem deutschen Intellektuellen.

Die politisch-intellektuelle Öffentlichkeit in Deutschland ist besorgt. Warum? Weil das Bundesland Baden-Württemberg einen Katalog mit dreißig Fragen eingeführt hat, welche die Beamten in den Einbürgerungsbehörden seit erstem Januar jenen stellen, die deutsche Staatsbürger werden wollen. So sollen die Beamten den Einbürgerungswilligen fragen, ob er es für einen Fortschritt hält, dass Männer und Frauen in Deutschland kraft Gesetz gleichberechtigt sind. Ob er es für zulässig hält, dass ein Mann seine Frau oder seine Tochter einschließt, um zu verhindern, dass sie ihm in der Öffentlichkeit »Schande macht«. Ob er denkt, dass Kritik an Religion zulässig ist. Oder was er von der Behauptung hält, die Juden seien für alles Böse in der Welt verantwortlich. Jeder Verein hat das Recht, sich genauer anzuschauen, wie das Weltbild desjenigen aussieht, der bei ihm Mitglied werden will. Warum soll ein Staat dieses Recht nicht haben?

Der Politisch-Intellektuelle erwidert, ein solcher Katalog sei ein Skandal, weil er Muslime diskriminiere. Die höhnischen Hinweise, man solle die Fragen doch mal dem deutschen Normalbürger vorlegen und gucken, was da für verfassungsfeindliche Überzeugungen ans Licht kämen, führen in die Irre. Richtig: Es gibt leider mehr als genug Deutsche, die frauenfeindlich, homophob, antisemitisch sind. Aber es ist eine perverse Auslegung des Gleichheitsgrundsatzes, daraus zu schließen, der deutsche Staat sei deshalb verpflichtet, jedem Frauenfeind, Homophoben und Antisemiten ebenfalls die Staatsbürgerschaft zu geben. Der schlimmste Aspekt liegt für den Politisch-Intellektuellen allerdings darin, dass der deutsche Staat mal wieder »Gesinnungsschnüffelei« betreibt. Denn haben wir damit in zwei deutschen Diktaturen nicht genug böse Erfahrungen gemacht?

Wann immer in Deutschland der politisch-intellektuelle Besorgnispegel steigt, ist *Titel, Thesen, Temperamente* zur Stelle. So nahm sich das Kulturmagazin der ARD vergangenen Sonntag unter dem Titel »Demokratie-Check für Muslime: Wer darf bei uns Deutscher sein?« des Themas an. Zu Wort kamen der Politik- und Islamwissenschaftler Bassam Tibi, der Schriftsteller Peter Schneider, die Frauenrechtsaktivistin Serap Çileli, die von ihrer Familie gleich zweimal zwangsverheiratet wurde, und die Anwältin Seyran Ateş, die zwangsverheiratete Frauen bei Scheidungen vertritt. Beide Frauen, nicht zuletzt auf deren Initiative hin der Baden-Württembergische Vorstoß geschah, erklärten, dass sie den Fragenkatalog für ein probates Mittel halten, um Probleme wie Frauenunterdrückung, Zwangsverheiratungen und Ehrenmorde besser in den Griff zu bekommen. Bassam Tibi und Peter Schneider waren sich einig, dass der deutsche Staat seinen Bürgern nicht in die Köpfe schauen darf. Recht haben sie. Nur vergaßen leider beide das winzige

Detail, dass es hier nicht um einen »Gesinnungs-Check« geht, der bei deutschen Staatsbürgern durchgeführt werden soll. Sondern bei Leuten, die sich um die deutsche Staatsbürgerschaft bewerben.

Man könnte es leicht als Geschichten aus der Rappelkiste belächeln, wenn Peter Schneider später im Interview die Parallele zum Radikalenerlass unter Bundeskanzler Willy Brandt zieht, der ihn damals seinen Job als Lehrer gekostet hat – jeder hat das Recht, sein Trauma zu pflegen. Abstrus wird es jedoch, wenn Peter Schneider sein 68er Ich-war-ein-Opfer-des-deutschen-Staates-Überlegenheitsgefühl dazu benutzt, im nächsten Satz zu sagen: »Ich schätze Seyran Ateş sehr, aber ich glaube, sie kennt Deutschland da zu wenig.« Hallo? Hat sich da gerade jemand über die Diskriminierung von Ausländern beklagt? Ganz gleich, wie viele wohlmeinende Artikel Peter Schneider in letzter Zeit über Seyran Ateş, Serap Çileli und Necla Kelek geschrieben hat – der Schriftsteller offenbart eine zutiefst diskriminierende Haltung, wenn er einer türkischstämmigen Frau, die seit 1969 in Deutschland lebt, seit acht Jahren als Anwältin im deutschen Justizsystem arbeitet, unterstellt, sie wisse nicht genug von Deutschland. Deutscher ist künftig also nur noch, wer in Deutschland geboren ist? Oder: Deutscher ist nur noch, wer 1968 dabei war und deshalb weiß, wie der deutsche Hase läuft?

Machen wir ein kleines Gedankenexperiment: Stellen wir uns vor, im Jahr 2005 wären nicht, wie geschehen, neun Frauen mit muslimischem Hintergrund von ihren Brüdern oder Vätern aus Gründen der »Ehre« ermordet worden, sondern neun Männer oder Frauen jüdischen Glaubens wären von Muslimen aus antisemitischen Motiven ermordet worden. Und sagen wir: Maxim Biller hätte gefordert, dass Deutschland sich künftig etwas genauer anschauen soll, ob es seine Staatsbürgerschaft nicht leichtfertig an Antisemiten vergibt. Hätte Peter Schneider die Chuzpe gehabt zu sagen: Nun ja, Herr Biller kennt sich in Deutschland nicht so gut aus? Könnte es sein, dass Peter Schneider über den Fragenkatalog auch deshalb so erbost ist, weil er selbst bei den Fragen nach der Gleichberechtigung von Mann und Frau ins Schlingern geriete?

Man kommt nicht umhin, den Verdacht zu haben, dass der deutsche Politisch-Intellektuelle lieber im ewigen Antifaschismus, Antitotalitarismus, Anti-Deutsch-Sein schwelgt, als sich den Fragen der Zeit zu stellen. Anstatt die Anstöße, die von Ateş, Çileli und Kelek ausgehen, ernst zu nehmen und über unsere deutsche Identität, über unser Staatsverständnis im Jahre 2006 nachzudenken, wird der Eindruck erzeugt, hysterische Türkinnen, die nicht wissen, wie gefährlich der deutsche Staat im Kern stets ist, scheuchten uns in den nächsten Totalitarismus. Aber bislang sind es ja auch nur muslimische Frauen, die in Deutschland aus Gründen der »Ehre« getötet werden. Was wird sein, wenn der erste deutsche Schriftsteller im Namen der »muslimischen Ehre« getötet wird? Allerdings: Welcher deutsche Schriftsteller hat schon den Mut eines Theo van Gogh?

Neuer Feminismus

Thea Dorn träumt von einer Frauenbewegung, die alle leidenschaftlichen Individualisten bewegt.

Wollte man bzw. frau in den letzten zwanzig Jahren auf einer Party seine Ruhe haben, reichte es, sich als »Feministin« oder auch nur vorsichtige »Feminismussympathisantin« zu outen. Doch seit diverse Publizisten begannen, im Jahr eins der Merkelschen Kanzlerinnenschaft zum antifeministischen Halali zu blasen, ist Feminismus plötzlich wieder ein Partyhit. Die größte deutsche Wochenzeitung versammelte angesagte Schriftstellerinnen, Schauspielerinnen, Politikerinnen und Wissenschaftlerinnen, um sie vom Titelblatt herab fordern zu lassen: »Wir brauchen einen neuen Feminismus!« Frauenmagazine berichten über das Thema, als sei »Emanzipation« die jüngste Duftkreation aus dem Hause Calvin Klein. In Talkshows wird so entspannt über die Möglichkeiten einer neuen Frauenbewegung geplaudert, dass man meinen könnte, es gehe um eine neuseeländische Trendsportart. Doch sind wir ernsthaft reif für einen »neuen Feminismus«? Und wenn ja, wie müsste sich dieser vom »alten Feminismus« unterscheiden?

Historisch gesehen waren die Frauenbewegungen stets Nachbeben von gesamtgesellschaftlichen Erschütterungen: Olympe de Gouges veröffentlichte ihre »Erklärung der

Rechte der Frau und Bürgerin« zwei Jahre nach Ausbruch der Französischen Revolution, die erste deutsche Frauenbewegung nahm ihren Anfang in den Nachwehen der gescheiterten bürgerlichen Revolution von 1848, die zweite deutsche Frauenbewegung, der 70er-Jahre-Feminismus, ist ohne die Studentenrevolte von 1968 nicht zu denken. Die Kräfte, die 1989 beim Zusammenbruch des real existierenden DDR-Sozialismus freigesetzt wurden, erzeugten keine feministischen Energien (mit Ausnahme jenes kurzen, halb erfolgreichen Aufschreis, als es in der ersten Hälfte der 90er darum ging, das Gesetz zum Schwangerschaftsabbruch gesamtdeutsch zu regeln) – dafür brachten sie die erste Frau ins Kanzleramt.

Angela Merkels Karriere ist exemplarisch für das, was Emanzipation in den vergangenen zwei Jahrzehnten bedeutete: Beherzte Einzelkämpferinnen nutzen die Aufstiegschancen, die die Gesellschaft ihnen bietet – und die beherzteste von allen hat bewiesen, dass es möglich ist, selbst das mächtigste Amt im Lande zu erobern. Mit Feminismus hat das allerdings nichts zu tun. Und die Signale, die solche individuellen Emanzipationserfolge an die Geschlechtsgenossinnen aussenden, sind ambivalent. Die beherzten ermuntern sie, sich gleichfalls noch mehr ins Zeug zu legen, nach dem Motto »Schaut her, es geht!« Die weniger beherzten machen sie aggressiv oder demoralisieren sie, indem sie ihnen bedeuten: »Selbst schuld, Mädels, wenn ihr weiter als emsige Stubenbienen unter der gläsernen Decke kreist und den Durchbruch nicht schafft.«

Feminismus hatte immer mit deutlich sichtbaren Mauern zu tun, gegen die die Schwestern untergehakt anrennen konnten. In den großen feministischen Kämpfen der Vergangenheit ging es zwar auch darum, die Mauern in den Köpfen niederzureißen – aber in erster Linie ging es um konkrete politische Forderungen bzw. rechtliche Gleichstellungsschritte. Diese Kämpfe sind in der westlichen Welt mit dem Ende des 20. Jahrhunderts – wenigstens vorläufig – ausgefochten. Obwohl es ein antiquarisches Ärgernis erster Klasse ist: Das Ehegattensplitting allein wird keine skandierenden Frauenhorden auf die Straßen treiben. Die luxuriöse Crux des Feminismus im 21. Jahrhundert ist, dass er vorrangig gegen gläserne Decken anrennen muss – die zwar einerseits nicht so robust sind wie Mauern, von denen sich aber andererseits leicht behaupten lässt, dass sie lediglich in der Fantasie überspannter Weiberhirne existierten.

Zahlreiche Einzelkämpferinnen haben damit begonnen, die gläsernen Decken zu durchstoßen – aber wie der Name sagt: Jede für sich. Und insgesamt immer noch zu selten, als dass die Gralsritter keine Chance mehr hätten, nach jedem erfolgreichen Durchbruch den Glaser zu rufen, damit er flugs eine neue Decke einzieht. Wenn man den diversen Hysterien einflussreicher Männer aus der letzten Zeit nachlauscht, kann man jedoch den Eindruck haben, den Glasern gingen langsam die Scheiben aus. Deshalb ist eine feministische Forderung, die keine politische Bewegung braucht, aber dennoch höchst effektiv sein dürfte: »Liebe Einzelkämpferinnen, entschuldigt euch nicht dafür, ein Betriebsunfall zu sein, sondern achtet darauf, dass nach euch kein Glas mehr wächst!«

Der beste Kandidat, einen neuen Feminismus auf breiter gesellschaftlicher Basis zu organisieren, dürfte der neu entbrannte Streit um Mutterschaft und Familie sein. Die in den 90er Jahren von Hera Lind und anderen Superweibern verbreitete Illusion, mit ein bisschen Lässigkeit und Organisationstalent seien Karriere und Familie locker unter einen Hut zu bekommen, ist auf dem Boden der Tatsachen aufgeschlagen: Der Staat tut trotz aller Bemühungen nach wie vor nicht genügend für ausreichende Kinderbetreuungsmöglichkeiten; die Unternehmen begreifen nur zögernd, dass sie über neue Arbeitszeitmodelle nachdenken und Betriebskindergärten schaffen müssen; Väter fühlen sich – trotz Softie-, Metrosexuell- und ähnlichen Lifestyle-Faxen – im Alltag für die Brutpflege immer noch deutlich weniger zuständig als die Mütter. Und die Mütter reiben sich selbst und gegenseitig heftiger denn je mit der Frage auf, ob sie Rabenmutter oder Glucke sind, Karrierebiest oder doch nur Vollzeitmutti, die sich deshalb seit Neustem lieber »Familienmanagerin« nennt.

Zentrales Anliegen des 70er-Jahre-Feminismus war es, die Frau aus der zwangsläufig für patriarchalisch gehaltenen Familie zu befreien. Der kommende Feminismus scheint in erster Linie die Familie vom patriarchalischen Restmief befreien zu wollen. Dieser Schritt ist absolut nötig, denn es wäre fatal, wenn das Feld der Familiendiskussion weiterhin den biologistisch oder religiös inspirierten Reaktionären überlassen bliebe. Außerdem liegt darin die große Chance, den Feminismus vom Ruf der männerhassenden, mehr oder weniger lesbischen, in jedem Fall »extremistischen« Megäre zu befreien. Andererseits sollte ein neuer Feminismus dringend darauf achten, nicht insgeheim ins selbe Horn zu stoßen wie die demografischen Panikmacher, in deren Augen die aus eigenem Entschluss kinderlose Frau nur ein Paria sein kann. Es wäre eine der weniger lustigen Ironien des Schicksals, wenn ein neuer Feminismus daran mitwirken würde, alle Frauenfragen abermals auf Mutterfragen zu reduzieren.

Eine Emnid-Umfrage ergab im September 2006, dass 50 Prozent der Deutschen dem Satz zustimmen, »Kinder, Familie und ein harmonisches Heim seien wirklich die größte Aufgabe für Frauen.« 47 Prozent widersprachen dieser Aussage. Die deutsche Gesellschaft ist in der Frage, ob sie sich weiter emanzipieren oder doch lieber zurückrudern soll, tief gespalten – allerdings nicht, wie sich plattfeministisch vermuten ließe, in Frauen und Männer. Das interessanteste Detail der Umfrage: 55 Prozent der Frauen bejahten die konservative Frauenrolle, aber »nur« 46 Prozent der Männer. Traut man den Zahlen, scheint es gegenwärtig mehr »Feminismuskandidaten« unter den Männern zu geben als unter den Frauen. Eine neue »Frauenbewegung« darf also hoffen, die Männer mit in Schwung zu bringen. Emanzipation ist eine Frage der Geisteshaltung. Und nicht des Geschlechts.

Will der viel beschworene »neue Feminismus« am Ende mehr sein als ein Partygag, steht er vor der schwierigen –

und historisch einzigartigen Aufgabe – nicht Nachbeben einer gesamtgesellschaftlichen Bewegung, sondern Vorreiter einer solchen zu sein. So wie in den muslimischen Gesellschaften bzw. Gesellschaftsteilen die größten Hoffnungsträger für eine Emanzipation vom Hordendenken hin zum Prinzip der selbstverantwortlichen Individualität Frauen sind, müsste auch bei uns der »neue Feminismus« Auftakt zu einem neuen, leidenschaftlichen Verständnis von Individualismus sein. Auf dass in wenigen Jahren bei dem Wort »Feminismus« niemand mehr an Frauen in lila Latzhosen denken möge – sondern an vernünftige, verantwortungsbewusste Frauen und Männer, eine Elitetruppe der Aufklärung sozusagen, fest entschlossen, unsere westliche Zivilisation gegen alle biologistischen, fatalistischen und religiösen Obskuranten zu verteidigen.

»Wenn Sie ertrinken, bitte rufen Sie um Hilfe!«

Thea Dorn streift durch Tokio und denkt über den westlichen Stadthirschen nach.

Japaner haben die Gabe des grenzenlosen Schlafes. Ich sitze im JR-Train, der S-Bahn in Tokio. Gegenüber, links, rechts von mir schläft es. Die wenigen, die um diese Uhrzeit keinen Sitzplatz gefunden haben, schlafen im Stehen. Der Kopf eines kleineren Mannes ist an die Brust des größeren Mannes neben ihm gesunken. Ich komme mir vor wie der Prinz aus Dornröschen. Nur dass ich nie wagen würde, einen der Schläfer zu küssen. Öffentliches Küssen gilt in Japan als mindestens so unschicklich wie öffentliches Schnäuzen.

Die sanfte Frauenstimme aus den Lautsprechern kündigt die nächste Station an, der Zug hält, die Türen öffnen sich, die Erkennungsmelodie der Yamanote-Linie weht herein. Jede S-Bahn-Linie hat ihre eigene Erkennungsmelodie. Und jede klingt, als hätte Mozart seine Papageno-Glöckchen ohne Umweg über die Oper gleich für den Fahrstuhl komponiert. Zwei Frauen greifen nach ihren Taschen, die sie im Schlaf auf dem Schoß gehalten haben und huschen hinaus. Ich werde nie begreifen, wie die Schläfer es schaffen, niemals ihre Station zu verpassen. Drei andere Frauen gleiten herein, die jüngste überlässt den beiden älteren kampflos die frei gewordenen Plätze, sucht ihren Platz in gebührendem Abstand zu den zwei männlichen Stehendschläfern, hängt ihre Handgelenke in die Schlaufen, die von der Decke baumeln und schließt die Augen.

Ich habe Leute, die öffentlich schlafen können, schon immer bewundert. Die das kindliche Urvertrauen aufbringen, sich der Welt in diesem so völlig schutzlosen Zustand auszuliefern. Noch keine drei Minuten habe ich es gewagt, in der Berliner S-Bahn wegzudämmern. (Wahrscheinlich habe ich in meiner Kindheit zu oft *Emil und die Detektive* gelesen.) Nach zwei Wochen Tokio fange ich an zu begreifen, dass man dieses Urvertrauen hier getrost wieder hervorlocken darf. Die Zwölf-Millionen-Stadt hat eine Kriminalitätsrate wie Pforzheim. Zumindest was die Einzelstraftaten angeht. Die Yakuza, die japanische Mafia, sind eine andere Geschichte. Aber erstens fahren Yakuza keine S-Bahn und zweitens lassen sie Touristen in Ruhe.

»The Kindergarten State« nennt der japanische Schriftsteller Fukuda Kiichiro sein Land. Und meint das mehr vorwurfs- denn liebevoll. Vorwurfsvoll, weil die Japaner nicht lernen, eine individuelle Persönlichkeit auszubilden, nicht lernen, wirklich Verantwortung zu übernehmen. Daran ändere auch das legendäre Harakiri nichts, das der Japaner früher beging, wenn er ein schlimmes Versagen zu verantworten hatte – und dem heute der plötzliche Herztod entspricht, den Hunderte oder gar Tausende von japanischen Angestellten jährlich sterben, wenn sie im Büro bei einem groben Fehler ertappt worden sind. Aufs Gehorchen würden die Japaner getrimmt, aufs blind-mechanische Funktionieren, und das von Kindergartenbeinen an. Sichtbarster Ausdruck dieses Paternalismus seien die in Japan allgegenwärtigen Warnschilder und -durchsagen, legendär die Ansage in einem Bus, der die Badewilligen an einen Strand südlich von Tokio bringt: »Wenn Sie eine lange Reise hinter sich haben, bitte ruhen Sie sich erst aus, bevor Sie ins Meer gehen! Wenn Sie ertrinken, bitte rufen Sie um Hilfe!«

Ich steige aus, nachdem die Dame im Lautsprecher mich vermutlich daran erinnert hat, nichts liegen zu lassen, mir beim Aussteigen weder den Fuß zu brechen noch die Hand einzuquetschen, auch das Baby nicht im Zug zu vergessen und stets die Hände mit Seife zu waschen. Leider kann ich das nur vermuten, trotz intensiver Bemühungen beschränkt sich mein Japanisch immer noch auf *arigato gozai masu*, die anerkannt höfliche Form des »Dankeschön« und *biiru o kudasai* – »Geben Sie mir bitte Bier«.

Vor mir eilen drei Mädchen in Yukatas die S-Bahn-Treppe in Richtung Ausgang hinunter. Die Obis, die breiten Stoffgürtel, die ihren Sommerkimono zusammenhalten, sind im Rücken zu einer riesigen Geschenkschleife gebunden. Die Getas, die Holzpantinen – vermutlich einer der Hauptverursacher der X-Beine bei Frauen hier –, machen auf den Stufen einen Höllenlärm. An den Handgelenken der Mädchen baumeln lustig bunte Stoffbeutel mit Kaninchenmuster. Am linken Ohr der größten baumelt Spiderman.

Ich gehe in den Park, eine Runde Grün genießen in einer Stadt, die so grünarm ist, dass Hausbesitzer von der Stadtverwaltung dazu gezwungen werden, Dachgärten einzurichten, und normale Mieter ihr Bestes tun, indem sie Töpfe mit Grünpflanzen vor die Türen stellen. An einem Baum neben dem Teich mit den Tretbooten in Schwanengestalt hängt eine Damenhandtasche mit Hundemuster. Dass diese Tasche seit drei Tagen immer noch dort hängt, wundert mich (siehe Pforzheim) nicht mehr.

Auf dem Weg zurück zur U-Bahn komme ich an den Obdachlosen vorbei, die vor den verschlossenen Schaufenstern von »Matsuzakaya«, einem der großen Tokioter Kaufhäuser, beginnen, ihr Nachtlager aus Umzugskartons aufzuschlagen. Ihre Schuhe haben sie bereits ausgezogen, darunter kommen weiße Socken zum Vorschein. Weiße Socken nicht etwa im Sinne von »früher, in einem besseren Leben einmal weiß gewesen«. Sondern weiße Socken im Sinne von »Ariel«. In einem meiner schlauen Japanbücher steht, die einzige Erbsünde, die der Japaner kenne, sei die Verschmutzung.

Diesmal entscheide ich mich, U-Bahn zu fahren. Wurde in der Yamanote-Linie rechts und links geschlafen, wird in der Ginza-Linie rechts und links gespielt. Männer, Frauen, Alt und Jung, alle haben ein neuestes Handy mit aufklappbarem Display in der Rechten und lassen die Finger über die Tasten hüpfen. Telefonieren ist in Zügen des öffentlichen Nahverkehrs unerwünscht, in Nähe der Greisen-, Behinderten- und Schwangeren-Sitzplätze ausdrücklich untersagt. Woran sich jeder hält. Allerdings habe ich noch keinen einzigen Greis, Behinderten und keine einzige (sichtbar) Schwangere in der U-Bahn gesehen.

Verziert sind all die schicken, neuen Hightech-Handys mit einem Rattenschwanz aus mindestens fünf Kleinstanhängern: Die Auswahl reicht vom schlichten Glasperlenspiel (eher bei Männern beliebt) über das daumennagelgroße Sushi-Imitat bis hin zum Mikrokätzchen auf Minibrötchen. *Kawaii* nennt der Japaner diese Niedlichkeiten, und nicht nur diese, *kawaii* ist überhaupt eine der zentralen ästhetischen Kategorien im »Kindergarten-State«. Frauen strengen sich bis ins mittlere Alter an, *kawaii* zu sein, und wenn sie nicht gerade im Bürodienst sind, kennen auch jüngere Männer keinerlei Niedlichkeitsängste. Ganze Kaufhausabteilungen widmen sich der Verbreitung von *kawaii*-Artikeln. Die bei manch einer Kommunikationsdesignerin hierzulande so beliebte »Hello-Kitty«-Handtasche würde einer Japanerin jedoch nur mehr ein müdes Lächeln entlocken. Extrem angesagt dagegen sind *Morizo* und *Kiccoro*, die beiden Maskottchen der Expo, die gerade in Japan stattfindet, wobei *Morizo* (»Großväterchen Wald«) ein etwas größerer dunkelgrüner Puschel ist, und *Kiccoro* (»Waldkind«) ein etwas kleinerer hellgrüner Puschel. Leider ist es mir nicht gelungen herauszufinden, woher mein Favorit, ein extrem mufflig dreinschauender Rettich, stammt, den es in allen Plüsch- und Plastikvarianten zu kaufen gibt. Ich wünsche ihm, dass er der Held in einer fabelhaften Zeichentrickserie ist.

An der Haltestelle »Ginza« steigen Heerscharen von

Frauen in uniformierten Hemden ein, blau, gelb, rosa, grün. Der Andrang kann nur eins bedeuten: Die Vorstellung im benachbarten »Takarazuka«-Musical-Theater ist aus. Genauer gesagt muss die Vorstellung schon seit einer ganzen Weile aus sein, die Damen in den Hemden sind ergebene Fans, die am Straßenrand in ordentlichen Dreierreihen und nach Hemdfarben sortiert stundenlang gewartet haben, bis »ihr« Star aus dem Theater kommt und seinem Fanblock die Ehre erweist. Die Stars, die diese Frauen anhimmeln, sind Frauen, die Männer spielen. Bei »Takarazuka« darf kein einziger biologischer Mann auf der Bühne stehen. Und das schon seit hundert Jahren nicht. »Sissi« wurde dort aufgeführt und bekannte Broadway-Musicals, doch egal, was läuft, die unbestrittenen Stars sind nicht die Darstellerinnen in den schönen Ballkleidern, sondern die in den Offiziersuniformen und Fräcken. Ich betrachte die Frauen, deren Gesichter leuchten, als kämen sie frisch vom Ehebruch. Könnte ich genug Japanisch, um eine dieser Frauen zu fragen, ob sie lesbische Neigungen hat, würde sie mich so entsetzt anstarren, als sei ich mit den Klopantoffeln durch ihre gute Stube gelaufen. Nein, nein, liest man in den Programmheften, »Takarazuka« mag die größte weibliche Travestieshow der Welt sein, aber sowohl die Männerdarstellerinnen als auch die zigtausend weiblichen Fans seien allesamt brave Heteras.

Der Zug hält in Aoyama-Itchome, die gelbe Gruppe drängt zum Ausgang, der selige Traum, in einer Welt zu leben, in der die Männer so zart und verständnisvoll und dennoch so tapfer beschützend sind wie bei »Takarazuka«, beginnt zu verblassen. Die Frauen ziehen die Hemden aus, packen sie in ihre Taschen, gewöhnliche Blusen und T-Shirts kommen zum Vorschein. Es ist Zeit, nach Hause zu gehen, wo Ehemann, Schwiegereltern und Kind ungeduldig auf ihr Nachtmahl warten.

Ich fahre weiter bis Shinjuku, dem größten Bahnhof Tokios, Millionen Menschen steigen hier täglich um. Dort, wo die Leuchtreklamen noch greller locken als im Rest der Stadt, beginnt Kabuki-cho, das Viertel, in dem nichts mit Kabuki (das Theater, das dem Stadtteil seinen Namen gab, wurde nie gebaut), und fast alles mit Sex zu tun hat. Ich habe einen Auftrag. Ein befreundeter Kriminalkommissar aus Deutschland hat mich gebeten, einen jener legendären Automaten zu finden, an dem man Schulmädchenschlüpfer ziehen kann, die zuvor von Hausfrauen in Heimarbeit mit Thunfisch eingerieben wurden.

Einstweilen entdecke ich nur »normale« Spielcenter, in denen ich, wenn ich Lust dazu hätte, auf den Skisimulator steigen, Plastikkrokodilen mit einem Gummihammer auf den Kopf hauen, Fotoaufkleber mit Herzchenhintergrund machen lassen oder versuchen könnte, eine der Plüsch-Kittys mit dem Metallgreifarm aus ihrem gläsernen Massensarg zu befreien.

Am Ende des Saals, in dem es klingt, als hätten alle Außerirdischen des Sonnensystems auf einmal beschlossen, hier ihre Raumschiffe zu landen, entdecke ich das Zeichen für WC. Zum Glück bin ich lange genug in dieser Stadt, dass mich der Klo-Thron mit der beheizten Brille und den freundlichen Plätschergeräuschen nicht mehr schreckt. Ganz anders meine erste Begegnung mit einer dieser Highest-Tech-Toiletten: Welcher der Knöpfe auf dem Bedienboard, das aussieht, als könnte man mit ihm eine Boeing fliegen, setzt die Wasserspülung in Gang? Was bedeutet das Piktogramm mit den beiden Halbkugeln und den Wellenlinien? Und was die Piktogramme mit den diversen Springbrunnenzeichen? Heute kann ich lässig sagen: Föhn; Bidet; Männereinstellung; Frauenstrahl. Bei meinem ersten Mal hätte ich vor Angst, den gesamten Raum unter Wasser zu setzen, das Klo beinahe ungespült verlassen. Als ich einem Deutschen davon erzählte, der schon lange in Tokio lebt, meinte der, so wäre das mit allen Sachen hier, die importiert wurden (bis vor nicht allzu langer Zeit gab es in Japan nur Stehklos) – Japan übernimmt die Dinge aus dem Westen und entwickelt sie mit einer Konsequenz weiter, deren Gnadenlosigkeit kein westlicher Tüftler mehr aufbringen würde. Japan sei das einzige Land, das der Kolonialisierung entgangen sei, indem es sich einfach selbst kolonialisiert habe.

Wieder auf der Straße, ziehe ich mir an einem der sechs Millionen Getränkeautomaten, die es im Großraum Tokio geben soll, einen Eistee. Noch immer sehe ich keine Spur von einem Schlüpferautomaten.

Ich komme an einem der »Ladies Clubs« vorbei, in den keine Männer gehen, deren vom Alltag erschöpfte Seele nach weiblichem Zuspruch dürstet. Sondern Frauen, deren Seele männlichen Trost sucht. Meistens kommen die Frauen hierher, die am früheren Abend ihr Geld damit verdienen, den ermüdeten männlichen Seelen Zuspruch zu geben. Die »Hosts«, deren Bilder in den Glaskästen hängen, sehen aus wie die Männerdarsteller bei »Takarazuka«. Vielleicht sind es gar keine Männer, die hier arbeiten, sondern Frauen, die so tun, als ob sie Männer wären?

Endlich, im Eingang zu einem Sexshop – der auf den ersten Blick nur schwer als solcher zu erkennen ist, da in seinem Schaufenster ausschließlich Schuluniformen hängen – entdecke ich eine Reihe Automaten, die weder nach Zigaretten noch Eistee ausschauen. Aufgeregt schiebe ich einen Tausend-Yen-Schein in den Schlitz. Eine tennisballgroße, schwarze Plastikkugel rollt in das Ausgabefach. Es gelingt mir, sie zu öffnen. In der Tat: in meinen Händen halte ich einen himbeerfarbenen Schlüpfer, Größe XXS. Was allerdings den Thunfischgeruch angeht – Fehlanzeige. Ich versuche mein Glück am nächsten Automaten. Der Slip, der aus dem zweiten Plastikei schlüpft, ist weinrot, Größe XXXS. Aber auch dieser riecht so steril, dass man mit ihm guten Gewissens eine frische Fleischwunde abdecken könnte. Der dritte Slip ist hellgelb und erweist sich als weiterer Geruchsausfall.

Ich gehe in den Laden hinein und schenke meine Schlüpfersammlung den beiden Mädchen, die aufgeregt plaudernd vor dem Regal mit den Hello-Kitty-Vibratoren stehen. Mein Freund, der Rettich, ist leider nirgends zu sehen.

Ich werde meinen Kripofreund enttäuschen müssen. Die japanischen Thunfischschlüpfer entpuppen sich als ebensolche Mär wie diejenige, Japaner würden keinen Alkohol vertragen. Vor mir strebt eine Gruppe Büroangestellter auf ein Gebäude zu, in dessen Eingang ein Plastikkrankenschwesterchen mit übergroßer Spritze für welche Dienste auch immer wirbt. Die Männer gehen perfekt gerade, obwohl der Duft, den sie zurücklassen, auf mehr als ein Bier schließen lässt.

An der U-Bahn-Treppe schleicht ein alter Mann in für japanische Verhältnisse extrem schmuddeligen Klamotten die letzten Stufen hinauf, streichelt das Geländer so liebevoll, als wäre es der Körper einer Frau, die er vor langer Zeit einmal begehrt hat. Er schaut sich um, geht ein paar Stufen zurück, geht wieder hinauf und streichelt das Geländer erneut. Ich bleibe stehen und kann es kaum fassen. Nach zwei Wochen begegne ich dem ersten Großstadtneurotiker. Ein japanisches Sprichwort besagt: »Der Nagel, der heraussteht, wird reingeschlagen.« Die ganze Zeit habe ich mich gefragt, wo all die Nägel sind, die beim Reinschlagen Widerstand geleistet haben. Ob es irgendwo in dieser Zwölf-Millionen-Stadt geheime Orte gibt, an denen die krummen Nägel weggeschlossen werden? Oder entlarvt mich mein Verdacht, in einer Gesellschaft mit solchem Reinschlagdruck *müsse* es jede Menge krummer Nägel geben, als hoffnungslose Westlerin? Vielleicht sind die Menschen ja einfach glücklich hier. Der Mann hat gemerkt, dass ich ihn anstarre. Er zieht den Kopf zwischen die Schultern und verschwindet in der Nacht.

Die letzte U-Bahn ist überfüllt, ich bekomme nur noch

einen knappen Stehplatz. Der Zug schaukelt los, ich merke, wie mein Kopf an die Brust des Mannes neben mir sinkt, der vielleicht gar kein Mann, sondern eine Frau ist. Tokio ist die ideale Stadt für den westlichen Stadthirschen, der fremdgehen will, ohne dabei wirklich verloren zu gehen, denke ich und schlafe ein.

Sommerfußball

In Deutschland ist die Welt zu Gast bei Freunden. Thea Dorn ist zu Gast im Biergarten.

I. Die Sache mit der Hymne

Im Allgemeinen neige ich dazu, Menschenmassen zu meiden. Doch heute Abend werde auch ich wieder in den Biergarten ziehen. Beim letzten Vorrundenspiel der Deutschen war ich zum ersten Mal dort. Als die Nationalhymne gesungen wurde, erhoben sich von den dreitausend Landsleuten vielleicht dreihundert eher zögerlich. Beim Achtelfinale waren es siebenhundert, beim Viertelfinale stand bereits der halbe Biergarten auf. Wird heute Abend der ganze Biergarten mitsingen? Wenn ja: Was soll uns das sagen?

Stellen Sie sich vor, Sie wären Kandidat in einer Quizshow und hätten die Frage zu beantworten: In welcher der folgenden Nationalhymnen kommt weder der Begriff »Waffen«, »marschieren« noch »Tod« vor: (a) Marseillaise, (b) Fratelli d'Italia, (c) A Portuguesa, (d) deutsche Nationalhymne? Glückwunsch. Die richtige Antwort lautet (d).

Totti & Fratelli werden heute Abend singen, bereit zum Tod zu sein, da Italien gerufen hat. Figo und seine Mannen werden morgen Abend die Helden des Meeres zu den Waffen rufen, um die »Pracht Portugals« wieder aufzurichten –

»über Land und über See«. Was ihnen allerdings keinen mentalen Vorsprung verschaffen dürfte, denn ihre Gegner um Zidane werden gleichfalls zur Bewaffnung und zum Marschieren auffordern, »damit ein unreines Blut unserer Äcker Furchen tränke«. Nur gut, dass Italiener auf Italienisch, Portugiesen auf Portugiesisch und Franzosen auf Französisch singen. Wer weiß, welche Roten Karten der germanisch-pazifistische Erregungschor unseren Fußballgästen sonst schon gezeigt hätte.

Wir Deutschen haben sechs Millionen und mehr Gründe, uns zu schämen. Aber sollte unsere Hymne mit ihrer unmartialisch-demokratischen dritten Strophe ebenfalls Anlass zu Scham sein? Oder gibt der Wandel vom »Deutschland, Deutschland über alles« hin zu einem Land, in dem »Einigkeit und Recht und Freiheit« herrschen sollen, nicht Anlass zu bescheidenem Stolz?

Auch ich war bis vor Kurzem eine der geschätzten 79,9 Millionen Deutschen, die den Text unserer Hymne nicht einmal hätte mitsingen können, selbst wenn sie gewollt hätte. Denn in der Tat: Unsperrig ist es nicht, was Hoffmann von Fallersleben da vor 165 Jahren auf Helgoland gedichtet hat. Trotzdem schlage ich lieber im Lexikon nach, was das von Walter Jens als unverständlich-unzeitgemäß geschmähte »Glückes Unterpfand« eigentlich bedeutet, (schließlich ist es mir auch irgendwie gelungen zu begreifen, was das Dosenpfand ist), bevor ich mir im Biergarten und »unseren Jungs« auf dem Platz die Peinlichkeit zumute, vor den italienischen *pronti alla morte*-Gesängen Brechts

»Kinderhymne« intonieren zu sollen, wie in diesen Tagen wieder einmal ernsthaft vorgeschlagen wurde.

Keine Ahnung, ob ich heute Abend den patriotischen Mindestmumm aufbringen werde mitzusingen. Keine Ahnung, was ich empfinden werde, wenn sich heute der ganze Biergarten erhebt. Das beklemmende Gefühl, einer könnte anfangen, die erste Strophe zu singen, wird bleiben. Obwohl in Zeiten des schwarz-rot-gelben Narrenkappen-Patriotismus vielleicht eher zu befürchten wäre, dass ein Spaßvogel auf die Idee kommt, die zweite Strophe anzustimmen. Das ist die mit dem deutschen Wein – Sie wissen schon.

II. Deutschland, einig Katerland

Liebe, arme deutsche Seele! Was soll ich Tröstliches sagen. Das Spiel ist aus. Und du wirst nicht Weltmeister werden.

Viel wurde in den letzten Wochen über dich geredet und noch mehr geschrieben. Die Engstirnigen warnten vor dir. Die Großmäuligen priesen deine Wiedergeburt. Die Schlitzohrigen behaupteten, dich nirgends entdecken zu können und sprachen von »Karneval«. Sollten sie recht haben, fällt der Trost leicht: Nach zweijähriger Abstinenz findet am 15. Juli in Berlin wieder die Loveparade statt. Das ist auch ein großes, lautes Fest. Und anmalen und in Fahnen wickeln kann man sich da mindestens ebenso gut.

Dennoch gibt es einen Winkel in meiner Seele, der hofft,

die Schlitzohrigen mögen sich irren – dass es um mehr geht als um Karneval. Denn warum gehörten sie selbst zu denjenigen, die nach dem verlorenen Halbfinalspiel die dicksten Tränen im Augenwinkel hatten? Wirklich nur, weil Weinen am Aschermittwoch zum Pflichtprogramm gehört? Wieso waren sie bereit, knappe vier Wochen ihres Lebens im Wesentlichen damit zuzubringen, mit »unseren Jungs« zu fiebern, wenn es in ihren Augen gar kein »unser« gibt?

Vor einigen Jahren versuchte sich Jürgen Habermas an einem Patriotismus light und lieh sich dafür von Dolf Sternberger den Begriff des »Verfassungspatriotismus« aus. Die Schlitzohrigen der letzten Wochen haben es mit dem »Fußballpatriotismus« versucht: Den Fußballschal fest in der Hand, wurden alle tiefer gehenden Debatten über die deutsche Identität als lächerlich weggewedelt. Welche Seelenlage drückt sich in dem Widerspruch aus, sich einerseits in Biergärten wohlzufühlen, in denen »Steht auf, wenn ihr Deutsche seid!« bzw. in die gegnerische Richtung »Ihr seid nur ein Pizzalieferant!« gegrölt wird, und gleichzeitig darauf zu beharren, dass es keine kollektive Identität gebe und man eine solche auch gar nicht brauche? Waren die Schlitzohrigen auch deshalb so traurig, dass die Deutschen es nicht ins Finale geschafft haben, weil sie ahnten, dass die Zeit des heiter gelebten Widerspruchs nun vorbei ist und es langsam wieder ans Eingemachte gehen wird? Zeit, über ein »Wir« nachzudenken, dass nicht nur aus Schweini, Poldi, Miro, Toren und gehaltenen Elfmetern besteht?

Im kommenden Jahr wird die Mehrwertsteuer auf 19 Prozent steigen. Werden die Menschen, die sich im Sommer 2006 lustige Flaggen auf die Wangen gemalt haben, ebenfalls »Deutschland!« denken, wenn sie dann an der Ladenkasse stehen? Oder wird die nächste kollektive Party tatsächlich wieder unter dem Motto »Deutschland, einig Katerland« stattfinden? Die Erfahrung lehrt, dass es genau zwei Arten gibt, einen Kater zu bekämpfen. Entweder man trinkt am nächsten Tag einfach weiter. Oder man gönnt sich einen Tag in der zur Selbstreflexion einladenden Abstinenzzelle.

Liebe, arme deutsche Seele! Ich wünsche dir einen fabelhaften Restsommer. Vielleicht sehen wir uns im Herbst ja wieder. Ausgenüchtert. Und für den schwarz-rot-goldenen Bikini ist es dann ohnehin zu kalt.

III. Der Ball soll's richten

Manchmal erinnert mich Fußball an Knoblauch. So wie meine Mutter davon überzeugt war, dass Letzterer die Allzweckwaffe gegen Arteriosklerose, erhöhten Cholesterinspiegel, Verdauungsstörungen, Halsentzündungen, Gicht und böse Träume darstelle, wird auch dem Fußball eine Menge aufgebürdet: Jugendlichen soll er helfen, zu einer fair konkurrierenden Lebenseinstellung zu gelangen; krisengeschüttelten Ländern soll er Selbstbewusstsein geben; geknickten Nationen soll er helfen, das Rückgrat wieder aufzurichten; und in multikulturellen Gesellschaften soll er vorzügliches Integrationsmittel sein.

Frankreich wird am Sonntag im Finale stehen. Mit einer Mannschaft, die eine Freundin von mir zu der Bemerkung hinriss: »Jetzt wird doch noch ein afrikanisches Team Weltmeister.« Einige der Spieler waren bereits dabei, als die Franzosen sich vor acht Jahren den goldenen Bruststern erkämpften, den sie jetzt auf ihren Trikots gleich über dem Hahn tragen. Und damals jubelten die Jugendlichen in den Banlieues mit, womöglich noch lauter als die Pariser in den bürgerlichen Vororten. Endlich schien der *jour de gloire* auch für sie gekommen zu sein.

In diesem Sommer sieht die Lage anders aus: Die Jugendlichen aus den Banlieues verehren Zidane, Henry und Trezeguet immer noch als »ihre« Helden. Doch die Identifikation mit der Nation findet nicht mehr statt. Im Gegenteil herrscht eher die Stimmung, die Spieler seien irgendetwas zwischen Edelhofnarren und Höchstsoldlegionären, die für die Franzosen, die selbst keinen Fußball spielen können, den zweiten Trikotstern holen sollen. Als im letzten Winter die Banlieues brannten, versuchten einige der Spieler, die Jugendlichen zur Besonnenheit aufzurufen. Die Rufe verhallten. Ein Fußballmillionär, der aus einer nordafrikanischen Einwandererfamilie stammt, macht noch keine Integration.

Deshalb wage ich auch zu bezweifeln, dass wir in Deutschland automatisch einen relevanten Integrationsschub erleben sollten, würden mehr Spieler mit Migrationshintergrund in der deutschen Nationalmannschaft spielen, wie gefordert wird. Fußball mag in der Tat nützliche Charaktertugenden wie Durchhaltevermögen, Disziplin und Teamfähigkeit befördern. Zu einer inhaltlich gehaltvollen, normativ tragfähigen Identifikation mit dem Land, in dem man lebt, führen Dribbeln, Vorstoppen und Raumdecken allein noch lange nicht. So wie es um eine Mehrheitsgesellschaft selbst bedenklich bestellt ist, die nur noch Sportler als Vorbilder kennt, Leistungen nur noch als solche erfasst, wenn sie sich in Toren und Stundenkilometern messen lassen, wird sie auch keine Einwanderer dazu animieren können, sich mit ihr zu identifizieren. Das deutsche Fähnchen, das beim Autokorso lustig neben dem türkischen weht, verrät nicht mehr über den Geist seines Trägers als die schwarz-rot-gelbe Schminke im Gesicht der weinenden Dortmunderin.

IV. Kinder, Küche, Kicker

Das Verhältnis von Frauen und Fußball ist ein komplexes. Und gibt zu ungefähr so vielen Spekulationen Anlass wie das Bernsteinzimmer. Die Bundeskanzlerin erboste in ihrer Neujahrsansprache manch männliches Gemüt, als sie sagte: »Die Frauenfußball-Nationalmannschaft ist ja schon Weltmeister, und ich sehe keinen Grund, warum Männer nicht das Gleiche leisten können wie Frauen.« Vermutlich hatte die Kanzlerin inmitten des ganzen Gesundheitsreformierens keine Zeit, das Feuilleton der *FAZ* zu lesen. Falls doch, weiß sie jetzt, warum die Männer in diesem Sommer nicht Weltmeister geworden sind: ihretwegen.

Eigentlich sollte der Journalist Eberhard Rathgeb nur einen Bildband mit dem schönen Titel *Die Küche. Lebenswelt – Nutzung – Perspektive* rezensieren. Doch unter der Hand geriet ihm die Rezension zu einer Theorie von »Sieg und Niederlage im Heimspiel der Frauen gegen die Männer«. Im Jahre 1982 zettelte der deutsche Gestalter Otl Aicher, dem beispielsweise die Lufthansa ihr Kranichpiktogramm verdankt, eine Küchen-Perestroika an, indem er die Abschaffung der Kochküche forderte und dafür plädierte, die Küche in den Wohnraum zu integrieren: Ein klarer Befreiungsschlag für die Frau am Herd. Und was passierte an der Männerfußballfront? Bei der WM in Spanien verloren die Deutschen im Finale gegen Italien 1:3. Und Rathgeb äußerte den Verdacht, dass die deutschen Männer auch 1974 keine Chance auf den Weltmeistertitel gehabt hätten, wäre Alice Schwarzers *Der kleine Unterschied* schon ein Jahr früher und nicht erst 1975 erschienen.

So gesehen war das Schicksal unserer sympathischen Fußballjungs bereits am 22. November des letzten Jahres besiegelt, als zum ersten Mal in der Geschichte der Bundesrepublik eine Frau ins Kanzleramt gewählt wurde. Umgekehrt betrachtet sollten sich die weiblichen deutschen Fans ganz schnell die letzten Tränen aus den Augen wischen: Die Niederlage unserer Jungs muss bedeuten, dass sich an der Frauenfront etwas bewegt.

Dabei konnte man in den vergangenen Monaten durchaus den Eindruck haben, ein paar nervenschwache Gemüter versuchten ernsthaft, das Emanzipationsrad zurückzudrehen. Doch dank Rathgeb begreifen wir jetzt: War alles nur WM-Vorbereitung! Ein paar seherisch begabte Männer wollten einfach genau das verhindern, was eingetreten ist: Dass die Deutschen den Titel verpassen. Sorry, Jungs! Hätten wir geahnt, dass Bier trinkende Frauen in Fußballfantrikots euch dermaßen verunsichern, wären wir zu Hause geblieben und hätten vorm Fernseher gebügelt. Und statt Monica Lierhaus hätten wir euch wieder Waldi Weißbier vorbeigeschickt. Und der Kanzlerin hätten wir striktes Stadionverbot erteilt.

Die Soziologen vermeldeten gestern, die WM sei vor allem wegen der vielen weiblichen Fans so friedlich verlaufen. Na also. Das ist doch auch etwas. Im Augenblick können wir offensichtlich nicht beides haben: Sieg und Frieden. Wir arbeiten dran.

Ein starkes Signal

Angela Merkel ist seit einem Jahr Kanzlerin.
Thea Dorn kämpft gegen die Ernüchterung.

Mediendebatten gehorchen in ihren Gezeiten nicht notwendig den politischen Mondphasen. Dennoch kann es kein Zufall sein, dass ausgerechnet im ersten Amtsjahr der ersten deutschen Bundeskanzlerin das Land von einem medialen Geschlechter-*Rollback* erfasst wird, den aufgeklärte Zeitgenossen bis vor Kurzem noch für undenkbar gehalten hätten. Wer hätte geglaubt, dass ein arrivierter deutscher Zeitungsherausgeber Frauen hemmungslos als »Überlebensmaschinen« bezeichnet? Dass ein Chefredakteur bei einer öffentlich-rechtlichen Fernseh- und Rundfunkanstalt seiner Ehefrau in einem offenen Brief dafür dankt, dass sie ihre akademischen Qualifikationen brachliegen lässt und stattdessen den Kindern jeden Mittag »liebevoll zubereitete Leckerbissen« auf den Tisch stellt? Und dass ein blondes Fräulein von der Tagesschau lautstark verkündet, wir Deutschen müssten endlich mit den »feministischen Tabus« aufräumen und wieder zugeben, dass Frauen nun mal einen »schöpfungsgewollten Auftrag« besäßen, nämlich: Kinder kriegen, Klappe halten?

In gewissem Sinne muss man sagen: Danke, Frank Schirrmacher! Danke, Sigmund Gottlieb! Danke, Eva Herman!

Danke, dass Sie diejenigen, die glauben wollten, das Geschlechterthema habe in diesem Land lila Rost angesetzt, eines Besseren belehrt haben!

»Wichtiger als Frauenpolitik ist eine Frau ganz vorn in der Politik. Ich bin neugierig, welche Verhältnisse in diesem Land in Bewegung geraten, wenn Angela Merkel im Herbst tatsächlich Kanzlerin ist.« Etwas mehr als ein Jahr ist es her, dass ich diese Sätze geschrieben habe. Mittlerweile wissen wir, welche Verhältnisse in Bewegung geraten sind, seit Angela Merkel Kanzlerin ist: Der politisch korrekte Geschlechterburgfrieden, der in Deutschland mit dem Ende der Frauenbewegung irgendwann in den 80er Jahren eingezogen war, der Frauenbeauftragte und Frauenparkplätze einrichtete, der stets von »Studenten und Studentinnen«, »Managern und Managerinnen« sprach, ist brüchig geworden. Die Emanzipationsfassade, die uns gut ausgebildeten, von mehr oder weniger berufstätigen Müttern und mehr oder weniger »emanzipierten« Vätern erzogenen Frauen vorgegaukelt hatte, die Tatsache, dass wir mit doppelten X-Chromosomen ausgestattet sind, würde auf all unseren Lebenswegen kein Hindernis mehr darstellen, hat sichtbare Risse bekommen.

Ironischerweise dürfte ausgerechnet die Kanzlerin eine der Frauen sein, die der bundesrepublikanischen Emanzipationsfassade am stärksten auf den Leim gegangen ist. Der Gedanke, der nicht nur Angela Merkel, sondern viele emanzipierte Frauen aus Ost und West anleitet: »Weil es in *meinem* Denken und Handeln keine Rolle spielt, dass ich eine Frau bin, wird es auch für *andere* keine Rolle spielen« – dieser Gedanke erweist sich leider als kurzschlüssig. Noch im Mai 2005, zu Beginn des Wahlkampfs, hatte Angela Merkel in einem Interview erklärt: »Die Tatsache, dass ich eine Frau bin, wird keine Rolle spielen.« Keine fünf Monate später sagte sie: »Ich habe den Eindruck, die Tatsache, dass ich eine Frau bin, spielt für viele durchaus eine Rolle.«

Was hat Angela Merkel erkannt, das viele andere Frauen, die ein weniger extremes Lebensziel haben, noch erkennen müssen? Nun, die Bundestagswahlkämpferin und Kanzleramtsanwärterin hat am eigenen Leib eine Reihe desillusionierender Erfahrungen gemacht: Von der Gattin des Konkurrenten ums Kanzleramt musste sie sich ihre Kinderlosigkeit vorwerfen lassen. Der Boulevard ritt so lange auf ihren Frisurproblemen und Achselschweißflecken herum, bis sie nur noch mit der Offenbarung zu kontern wusste, gern Eintopf zu kochen. Männliche Parteikollegen hörten nicht auf, hinter schlecht vorgehaltenen Händen das ewige »Sie-kann-es-nicht« zu murmeln. Ein Noch-Kanzler demonstrierte am Wahlabend und in den darauf folgenden Wochen, dass er nicht nur Frauenpolitik, sondern auch demokratisch erzielte Wahlergebnisse für lästigen Firlefanz hält. Künftige Regierungsmitglieder und Politiker aus den eigenen Reihen wollten der designierten Kanzlerin die verfassungsmäßig verbriefte Richtlinienkompetenz absprechen.

All diese Erfahrungen, die Angela Merkel in exemplarischer Weise machen musste, sollten Frauen nachdenklich stimmen. Und nicht dazu verleiten, das Phänomen Merkel – sei es aus Neid, sei es aus Häme – mit dem Verweis abzukanzeln, man fühle sich von dieser »kalten Physikerin« nicht repräsentiert.

Anders als 99,99 Prozent der Frauen in diesem Land wird Angela Merkel nun seit einem knappen Jahr durch die Autorität ihres Amtes vor den gröbsten Respektlosigkeiten geschützt. Und einerseits liegt darin ein klarer Fortschritt – dass männliche Politiker aller Ländern lernen müssen, mit einer deutschen Regierungschefin umzugehen. Andererseits liegt darin die nächste Fassaden-Gefahr, nämlich zu glauben, eine Frau Kanzlerin wäre nun wirklich anerkannt.

Im Gefolge von »Angies« allgemein als sehr gut bewerteten internationalen Antrittsbesuchen schien es eine Weile, als könnte sich das deutsche Volk mit seiner Kanzlerin tatsächlich anfreunden. Doch spätestens seit im WM-Sommermärchen das letzte Tor gefallen war, ist auch Angela Merkel wieder im Tal der deutschen Tränensäcke angekommen. Seit Wochen hören wir den »Sie-kann-es-nicht«-Chor abermals anschwellen. Wir erleben, wie ein populistischer Pfälzer die Kanzlerin in der gefühlten Wählergunst überholt, indem er dieser höhnisch vorwirft, die eigenen Ministerpräsidenten nicht im Griff zu haben. Man darf hoffen, dass Angela Merkel Kurt Beck wenigstens hinter verschlossenen Türen darauf aufmerksam macht, dass sich ihm als Kanzler ein solches Problem im Augenblick kaum stellen würde: Der einzige starke SPD-Ministerpräsident, den er momentan im Griff behalten müsste, wäre schließlich er selbst. Und ob ihm das gelingen würde, daran darf man berechtigte Zweifel haben.

Passend zu den Herman'schen Apfelkuchen-Thesen ist sie also auch in der Politik wieder da: Die Sehnsucht nach dem bärig-bärtigen Mann, der im rechten Moment auf den Tisch zu hauen weiß, den die Frau liebevoll gedeckt hat. Ich vermag nicht zu sagen, ob Angela Merkel angesichts der Machtverhältnisse, wie sie in der real existierenden Großen Koalition bestehen, größere Gestaltungsfreiräume hätte – ob sie ihre »Richtlinienkompetenz«, die sie nun theoretisch wenigstens besitzt, markanter ausspielen könnte. Ob die Gesundheitsreform ein weniger trüber Eintopf geworden wäre, hätte Angela Merkel sie wie von ihr gewünscht in einer schwarz-gelben Koalition realisieren können. Ich kann nicht beurteilen, inwieweit sie tatsächlich »gezwungen« ist, als Regierungschefin die moderierende Gastgeberin zu spielen, als die sie momentan erscheint. Die Frage, bis zu welchem Grad sich die Kanzlerin als »biegsam« erweisen darf, ohne zu einer weiteren rückratlosen Polit-Gummipuppe zu werden, ist eine, die sich nicht leichtfertig beantworten lässt. Vieles in mir will rufen: »Unnachgiebiger werden! Und wenn es nicht geht, dann lieber hinschmeißen!« Andererseits höre ich eine andere Stimme, die ebenso laut sagt: »Wenn *sie* es nicht macht, macht es eben ein Beck-Koch-Wulff. Und dann wird im Zweifelsfall alles noch schlimmer.« Denn mit Deutlichkeit vermag ich zu sagen, dass ich nicht die geringste Sehnsucht nach dem nächsten Basta-Kanzler verspüre. Es wäre schlimm, wenn wir abermals »basta« mit Stärke, Mut zu Wahrheit und klarer inhaltlicher Position verwechselten.

Die deutsche Politik ist in den letzten zwanzig Jahren schleichend verkommen. Die dominanten Sprach- und Verhaltensformen, gravierende soziale und ökonomische Probleme mit Schönreden, Aussitzen, Basta zu behandeln, wurden von westdeutschen männlichen Politikern etabliert. Es wäre eine der zynischeren Launen der Geschichte, wenn ausgerechnet eine ostdeutsche Frau dieses marode System zu seiner katastrophalen Vollendung führen sollte.

Es gab einen Moment in Angela Merkels Kanzlerschaft, da habe ich sie bewundert. Es war jener Moment, in dem sie sich traute, Deutschland endlich als das zu bezeichnen, was es ist: ein Sanierungsfall. Und ich war enttäuscht, als sie – wie jeder Politiker, der in diesen Zeiten eine Wahrheit ausspricht – angesichts des reflexartig einsetzenden Empörungsgeschreis sofort wieder zurückruderte. Wie gern würde ich ihr zurufen: »Frau Bundeskanzlerin! Mit dem Basta haben Sie schon Schluss gemacht. Jetzt machen Sie doch, bitte, als Nächstes mit dem Schönreden Schluss! Dieses Land hängt an dem politischen Fassadensprech wie der Alkoholiker an der Flasche. Die allermeisten ahnen doch, dass es so nicht weitergehen kann. Und natürlich werden die allermeisten erst einmal schreien, wenn Sie, Frau Bundeskanzlerin, ihnen die Flasche wegnehmen. Aber tun Sie es! Der Süchtige braucht zwar seinen Dealer, aber letztlich verachtet er ihn, wie das Kind die übernachgiebigen Eltern verachtet. Seien Sie eine harte und gütige Entzugsbegleiterin zugleich! Sie mussten sich an das bestehende System anpassen, um überhaupt ins Kanzleramt zu kommen. Aber jetzt, wo Sie ›drin‹ sind, merken Sie doch selbst, dass Sie mit dem Weg der Anpassung nur schwach erfolgreich sind. Sie haben am eigenen Leib erfahren, wie gefährlich es ist, auf Fassaden hereinzufallen. Und Sie besitzen die geistige Klarheit, die ermöglichen könnte, dass in diesem Land mehr Klarheit herrscht.«

Ich gestehe: Vielleicht bin ich an dieser Stelle nicht frei von Zweckoptimismus. Als Frau, die daran interessiert ist, dass Frauen sich weitere Handlungs- und Machtspielräume erkämpfen, muss ich Angela Merkel Erfolg wünschen. Der aktuelle *Rollback* zeigt, wie zementiert das Geschlechterdenken in unserer Gesellschaft nach wie vor ist. Sollte die Kanzlerin scheitern, bräuchten wir keinen Tag zu warten, und es würde heißen: »Wir haben's doch gleich gewusst. Klar, dass eine Frau es nicht kann.« Die Folgen wären fatal – nicht nur für deutsche Politikerinnen, die nach Angela Merkel ins höchste Regierungsamt streben, sondern für alle Frauen, die im Leben mehr wollen als Apfelkuchen backen. Wie der Bundestagspräsident im November 2005 sagte: Es ist ein mächtiges Signal, dass wir die erste deutsche Kanzlerin haben. Es wäre ein noch mächtigeres Signal, sollte die erste deutsche Kanzlerin scheitern.

Tor! Tor!! Tor!!! – oder: Das Wunder von Bayreuth

Thea Dorn lauscht Wagners »Parsifal« und anderen reinen Toren.

Einar Schleef wollte es tun. Christoph Schlingensief hat es getan. Und Bernd Eichinger wird es tun: *Parsifal* inszenieren. Wie kommt es, dass ein Wort- und Theaterwüterich, ein Agitprop-Guru und ein smarter Filmproduzent, allesamt Männer, die nie zuvor Hand an eine Oper gelegt haben, sich ausgerechnet von Wagners Spätling dazu hinreißen lassen?

Natürlich ist der Trend zum Event von Berlin bis Bayreuth ein allgemeiner – da gibt es Doris Dörries'sche *Turandots* und *Cosìs* und einen *Ring* vom Dänenfilmer Lars von Trier hätte es beinahe auch gegeben – aber es ist auffällig, dass kein anderes Werk so viele prominente Opernabstinenzler zur Regie verführt wie *Parsifal.*

Die notorischen Kommentare zum Bühnenweihfestspiel sind relativ einhellig. Die Musik: das Stärkste, Radikalste, das Wagner je komponiert hat. Aber der Inhalt? Thomas Manns Urteil – noch das freundlichste – lautet: Fin-de-Siècle-Hysterie, eine Gesellschaft am Abgrund. Nietzsche hält den *Parsifal* für den Gipfel christlicher Heimtücke. Und Adorno wittert faschistoiden Heilswahn.

Beweisen die Männer, die dieser Tage dem *Parsifal* erliegen, also lediglich ein besonders feines Gehör? Oder könnte es sein, dass gerade der von der versammelten Großintelligenz in den Orkus getretene Inhalt die eigentlichen Lockstoffe verströmt?

Versuchen wir einmal nüchtern zu betrachten, was *Parsifal* uns erzählt: Die Gralsritter haben ein Problem. Sie sind eine verschworene Männergemeinschaft, die im Wesentlichen zwei Aufgaben hat: Sich ihre Keuschheit zu bewahren. Und als eine Art internationale Eingreiftruppe rund um den Globus »höchste Rettungswerke« zu vollbringen. Letzteres scheint Wagner jedoch nicht weiter zu interessieren, an keiner Stelle verrät er uns im *Parsifal*, wie ein »höchstes Rettungswerk« aussehen könnte – jenseits der Erlösungstat innerhalb der Gralsgemeinschaft am Schluss der Oper. So reduziert sich die Aufgabe der wagnerschen Gralsritter darauf, den Lockungen des Fleisches zu widerstehen. Und genau dort sitzt das Problem: Amfortas, der oberste Gralsritter, ist schwach geworden. Hat sich in Klingsors »Zaubergarten« ausgerechnet von Kundry, der teuflischsten aller teuflischen Frauen verführen lassen. Die Strafe folgt prompt und ist drastisch. Seit seiner Entjungferung hat Amfortas eine Wunde »in der Seite« – oder doch eher unterhalb der Gürtellinie? – die nicht heilen will. Die in regelmäßigen Abständen aufbricht und blutet. Erinnert uns das an etwas? So befremdlich es klingen mag, aber: Amfortas scheint zu menstruieren. Sich beim Weibe mit Syphilis, Tripper oder einer anderen hässlichen Krankheit anzustecken, gehört fest zum Katalog der beliebtesten Männerängste. Dass ein

Mann sich aber beim Geschlechtsverkehr mit einer Frau deren Monatsblutung einfängt – auf diese Idee ist erst Wagner gekommen.

Ein menstruierender Chef – das würde die Moral einer jeglichen Truppe treffen, aber die Gralsritter erwischt es noch härter. Denn sie sind ja nicht irgendein Männerverein, sondern ein erzchristlicher. Im Zentrum ihrer Rituale steht der Gral, der Kult ums Blut Christi. Und gibt es im Christentum einen krasseren Gegensatz als den zwischen dem heiligen, am Kreuz vergossenen Opferblut Jesu und dem für höchst unrein gehaltenen Menstruationsblut?

Ihr Chef ist für die Männerrunde also nicht nur ein peinlicher Ekelfaktor – er ist die schiere Blasphemie. Um der Katastrophe die Krone aufzusetzen, hat Amfortas bei seinem Ausflug in den »Zaubergarten« nun aber nicht nur seine eigene Männlichkeit eingebüßt, sondern auch den »heiligen Speer«. Jene Lanze, mit der Jesus die Wunde geschlagen wurde, aus der sein Blut in den Gral floss. Und dieser Verlust ist für die Ritter womöglich noch schlimmer als alles andere: Sie, die ihre eigenen Phalli so strikt unter Verschluss halten müssen – von der Frage, was die Gralsritter beim Duschen machen, sehen wir einmal höflich ab –, sie büßen ihren wichtigsten Fetisch ein, eben jenes Phallussymbol, das den Leib des Heilands penetrierte.

Der Verdacht, dass es bei der Eucharistiefeier um eine kryptosexuelle Ersatzhandlung gehen könnte, ist nicht neu. Aber keiner hat das brennender gespürt als Wagner. Wie sonst ist die erotische Brutalität zu verstehen, die in den

Chören der Gralsritter tobt, wenn diese Amfortas auffordern, das Zeremoniell zu vollziehen? Klingen so fromme Christen, die sich nach dem Abendmahl sehnen? Oder ist es nicht die Wut von Vergewaltigern, die eine Verschmelzung notfalls auch mit Gewalt erzwingen wollen?

Es ist es also kein Wunder, dass Amfortas, Gurnemanz und all die anderen Ritter händeringend auf einen warten, der sie aus dieser Erniedrigung, aus diesem Triebstau erlöst. Und – Prophezeiung sei Dank – wissen sie auch schon, wer ihr Messias sein wird: »Durch Mitleid wissend, der reine Tor.«

Ein heißer Anwärter für diesen Posten taucht recht bald im Gralsgebiet auf: Ein Knabe, der weder weiß, wie er heißt, noch, woher er kommt, aber dafür großartig mit Pfeil und Bogen umgehen kann. Ahnungslos gut gelaunt schießt er einen Schwan vom Himmel. Ist Ritter Gurnemanz über diesen Akt sinnlosen Testosteronüberschusses anfangs erbost, verfliegt sein Zorn, als er begreift, wen er vor sich hat: Einen waschechten Toren. Bleibt die alles entscheidende Frage: Ist er auch ein *reiner* Tor? Und wird er durch Mitleid wissend werden?

Um dies herauszufinden, nimmt Gurnemanz den Taugenichts mit zur Gralszeremonie. Aber ach: Der Tor begreift gar nichts. Steht so verschreckt und unbeholfen herum wie die Unschuld vom Lande, die zum ersten Mal in eine Massenorgie gerät. Auch hier liegen das Mystisch-Sakrale und das Obszöne dichter beieinander, als man hoffen sollte.

Der enttäuschte Gurnemanz wirft den Toren hinaus mit

dem Kommentar, er, Gänserich, solle sich lieber die Gans suchen. Die zweigeschlechtliche Paarbildung bleibt im Gralsdistrikt eben streng den Tieren vorbehalten.

Der Tor nimmt diesen Rat wörtlich, von der Ritterburg stolpert er stracks in denselben »Zaubergarten«, in dem Amfortas sich seine Unterleibsblutung eingefangen hat. Die dort arbeitenden Damen umgarnen den jungen Gast, wie das die Prostituierten in jedem einigermaßen anständig geführten Bordell zu tun pflegen. Als sie ihm jedoch zu sehr auf den Leib rücken, macht der Tor den Rückzieher. Warum soll einer, der gerade erst erfolgreich von seiner Mutter abgehauen ist – die einzige Leistung, die er in seinem bisherigen Leben bewusst vollbracht hat –, warum soll so einer schon wieder in die weibliche Schlinge gehen? Einen Moment sieht es so aus, als würde sich der Tor tatsächlich als *reiner* Tor erweisen, und zwar nicht im banalen Sinne von »zwangsläufig reiner Tor, da ihm außer der Mutter noch nie eine Frau über den Weg gelaufen ist«, sondern im triftigen Sinne von »lässt keine Frau an sich ran, obwohl er gute Gelegenheit dazu hätte«. Da inszeniert Kundry – Amfortas' fatale Verführerin – ihren großen Auftritt. Sie ist die Erste, die das Kind beim Namen nennt: Parsifal – zu gut Deutsch: Der reine Tor. (Wenigstens hat sich der Hobby-Arabist Wagner diese Namensübersetzung so zurechtgelegt.) Doch Kundry ist wild entschlossen dafür zu sorgen, dass Parsifal seinen Namen nicht lange zu Recht tragen wird. Als Frau, die weiß, was Knaben schwach macht, enthüllt sie Parsifal, dass sie dabei war, als er geboren wurde.

(Nur am Rande sei angemerkt, dass Kundry damit nach Brünnhilde die zweite Frau im Wagner-Universum ist, die sehnsüchtig darauf wartet, dass der Knabe, dessen Geburt sie überwacht hat, endlich ins Alter kommt, in dem sie sich mit ihm paaren kann.) Ist Parsifal ihr im ersten Akt noch an die Gurgel gegangen, als sie ihm mitteilte, dass seine Mutter vor Kummer ob des entlaufenen Sohns gestorben sei, hat ihn die geballte weibliche Gegenwart hier bereits so angegriffen, dass er sich selbst die Schuld am Tod der Mutter gibt. Und sich einen »blöden, taumelnden Toren« nennt. Der ersten Attacke durch die neckischen Blumenmädchen hat der Tor brav widerstanden, aber nun läuft er Gefahr, durch Kundrys geschicktes Spiel Reinheit und Torentum in einem einzubüßen.

Dass zwischen weiblicher Verführung und männlicher Selbsterkenntnis ein intimer Zusammenhang besteht, behauptet das jüdisch-christliche Abendland seit dem Sündenfall. Adam erkennt, dass er nackt ist, schämt sich seiner Nacktheit erst, nachdem Eva ihn dazu verführt hat, in den verbotenen Apfel der Weisheit zu beißen. Was folgt, ist bekannt: Die Vertreibung aus dem Paradies.

Ein Beispiel aus der Welt des heutigen Hochleistungssports macht noch anschaulicher, wie der Mann wissend wird, sobald er vom Weibe erkannt wurde – und wie er seine heldischen Kräfte dadurch verliert.

Ohne Frage ist Skispringen eine der Sportarten, deren Ausübung größten, ja: Törichten Mut verlangt. Welcher nur halbwegs nachdenkliche Mann wäre bereit, sich mit über hundert Stundenkilometern von einem Schanzentisch zu stürzen, um 120, 130 Meter und mehr durch die Luft zu fliegen? Die knabenhaften Skispringer, von denen im Allgemeinen angenommen wird, dass sie noch kein Sexualleben besitzen, sind somit die idealen Heldentoren unserer Tage. Und keiner erfüllte für die Deutschen das Bild des unschuldigen Helden, der Wunderdinge wie im Traum vollbringt, mehr als Sven Hannawald. Doch dann präsentierte der strahlende Sieger der Vier-Schanzen-Tournee plötzlich eine Freundin. Seither gewann er keinen einzigen Wettkampf mehr, zog sich bald ganz aus seinem Sport zurück. Der Torenmut, von dem die Rede war, schien ihn verlassen zu haben. Die Freundin hatte aus Hannawald, dem gedankenlosen Überflieger, Hannawald, den Grübler, gemacht. Und wie wir spätestens seit Hamlet wissen, sind Grübler für übermütige Heldentaten kaum mehr zu gebrauchen.

Aber zurück zu Parsifal und seinem weiteren Verführungs- und Erkenntnisweg. Als raffinierte Kinderschänderin nutzt Kundry Parsifals frisch erwachte Schuldgefühle, indem sie ihm klarmacht, dass er seine Schuld am Tod der Mutter nur tilgen kann, indem er jetzt *ihr* die Liebe schenkt, die er *dieser* entzogen hat. Solch zwingender sophistisch-ödipaler Logik ist der Tor, der bereits auf die schiefe Bahn der Selbsterkenntnis geraten ist, natürlich hilflos ausgeliefert. Er lässt sich von Kundry küssen.

Und dann. Dann passiert es. Das Unerwartete. Das Bizarre. Kundrys Schock. Parsifal macht nicht weiter, lässt seinen frisch geweckten Sexus nicht von der Leine – ganz anders als Wagners Siegfried, der sich vom anfänglichen Schrecken rasch erholt, dass das Wesen auf dem Feuerfelsen, das er gerade aus der Rüstung geschält hat, kein Mann ist, und Brünnhilde instinktsicher zum Vollzug drängt. Parsifal stößt Kundry weg und fasst sich an die Stelle, an der sich bei Amfortas die Wunde befindet – wo auch immer diese sein mag. Kundrys Kuss löst eine wahre Erkenntnisexplosion in ihm aus. Allerdings eine ganz andere als jene, die Kundry prophezeit hatte, als sie sang: »Bekenntnis wird Schuld in Reue enden, Erkenntnis in Sinn die Torheit wenden.« Kundry meinte wohl eher – siehe Adam, siehe Hannawald – Parsifal durch den Sex mit ihr aus seinem larvenhaften, autistischen Torentum zu reißen, ihn mit sich selbst zu konfrontieren, die Blase seines eigenen selbstzufriedenen Ichs, die ihn bisher schützend umgeben hatte, platzen zu lassen. Doch Parsifal schlägt einen völlig anderen Erkenntnisweg ein, er beginnt zu delirieren: »Amfortas! Die Wunde!« Der soeben wach geküsste Sexualtrieb lässt ihn schockhaft begreifen, was er damals in der Gralsburg gesehen hat. Amfortas hat dieses »furchtbare Sehnen«, dieses »sündige Verlangen« auch gespürt, hat sich auch von dieser Frau küssen lassen. Und seither blutet der Mann. Gott hilf!

Damit sind wir im Zentrum des *Parsifal* angelangt. Der Tor hat seine Prüfung bestanden, indem er zurückschreckt vor den Verlockungen des Weibes, der Tücke der Selbsterkenntnis, und sich stattdessen in orgiastischer Weise mit dem Mann Amfortas, mit der Brüderschaft identifiziert, die lange schon erkannt hat, dass alles Verderben vom Weibe ausgeht. Wagner hat seine Weltformel entdeckt, lässt seinen Parsifal zum Anti-Faust werden. Kulminiert *Faust II* in der Verkündigung, es sei das *Ewig-Weibliche*, das uns hinanziehe, so hat *Parsifal* seinen Höhepunkt in der Erkenntnis, dass es das Ewig-Weibliche ist, das uns *hinab*zieht. Bei Goethe: Die Überhöhung des Weiblichen, der Liebe, zum mystischen Weltenmotor. Bei Wagner: Die Reduzierung des Weiblichen, der Liebe aufs nackte Triebleben, die Entlarvung des Trieblebens als Unheil schlechthin.

Nun wissen wir nicht erst seit Wagner, dass Männer ein paradoxeres Verhältnis zur Sexualität haben, als sie uns gemeinhin glauben machen wollen. Dass sie zwar überall Sex wittern, Sex wollen, aber gleichzeitig eine Höllenangst haben, vom weiblichen Abgrund verschlungen zu werden. Der Sexualakt ist der Männlichkeitsbeweis schlechthin. Und ist doch gleichzeitig der Moment, in dem sich der Mann – zumindest in der heterosexuellen Variante – am weitesten von sich selbst entfernt, die größte Gefahr läuft, sich in etwas zu verlieren, dass so ganz anders ist als er selbst.

Von Thomas Mann stammt die hübsche Beobachtung, dass es sich bei Kundry mit ihrem Schwanken zwischen kataleptischen Zuständen und Anfällen von Sexualwut um den Paradefall einer wagnerschen Edelhysterikerin handele. Wahrscheinlich war Thomas Mann aber selbst zu sehr Mann, um zu erkennen, dass auch in Parsifal ein Hysteriker ersten Grades steckt. Die paranoide Angst, durch die Frau beschmutzt zu werden; die groteske Überidentifikation mit einem anderen Mann; die plötzliche Entdeckung des eigenen Heilsauftrags, der aus dem eben noch Schwachen den starken Helden machen soll – all dies sind klassische Symptome des männlichen Hysterikers. Des Mannes, der sich der eigenen Männlichkeit so unsicher ist, dass er vorsichtshalber den Supermann spielt.

Crazy, der 1999 erschienene, stark autobiografische und sensationell erfolgreiche Roman des damals sechzehnjährigen Benjamin Lebert, beschreibt den Schock einer männlichen Entjungferung in unseren Tagen. Eine sexuell erfahrene Internatsmitschülerin lockt den Haupthelden Benny ins Mädchenklo. O-Ton *Crazy*: »Irgendetwas will sie von mir. Das weiß ich. Sie kommt auf mich zu. Ich habe Angst.« Und nach vollzogenem Akt – die frühreife Verführerin hat längst das Weite gesucht und Benny auf dem Mädchenklo sitzen lassen – heißt es: »Wie lauten doch gleich die Sprüche mit dem ersten Mal? Nach dem ersten Mal wäre man ein Mann? Da stehe man auf eigenen Füßen? Vorbei sei es mit der milden Jugend? Man wäre nun erwachsen? Hm? Mein erstes Mal ist nun vorbei. Und ich fühle mich noch immer wie ein kleiner Hosenscheißer. Das ist, glaube ich, auch ganz gut so. Ich will gar nicht erwachsen werden. Ich will ein ganz normaler Junge bleiben. Meinen Spaß haben. Mich, wenn nötig, bei meinen Eltern verstecken. Und das soll jetzt alles vorbei sein?«

Der erste Geschlechtsverkehr stürzt den pubertierenden Helden in eine Identitätskrise, löst heftige Selbstzweifel aus. Der »kleine Hosenscheißer«, der er so gern bleiben würde, versucht die Krise zu überspielen, indem er das von ihm gefüllte Kondom auf den Boden wirft und anschließend absichtlich neben die Kloschüssel pinkelt. Zu guter Letzt muss er sich auch noch übergeben.

Wie wäre es Parsifal ergangen, hätte er Kundry zur Entjungferung seiner selbst schreiten lassen? Wohl kaum besser. Obwohl Wagner das Motiv des reinen Toren nicht nur bei Eschenbach, sondern vor allem in den deutschen Dümmlingsmärchen vorgefunden hat – Geschichten, in denen ein Taugenichts vom wütenden Vater in die Welt hinausgeschickt wird, wo er dank seiner Torheit Heldenhaftes vollbringt und zur Belohnung die schöne Prinzessin erhält – trotz dieses Erbes ist unvorstellbar, dass Parsifal Kundry glücklich heimführen könnte. Parsifals Belohnung am Schluss des Bühnenweihfestspiels wird gerade nicht die schöne Prinzessin sein, sondern die Übernahme von Amfortas' Amt, die Führerschaft über die Ritter. Der Gralskult, die Gemeinschaft mit den Brüdern besetzt exakt jene Stelle, an der im Märchen das erfüllte Sexualleben, der Wandel vom Knaben zum reifen Mann steht. Doch dafür ist in Wagners Welt die Angst vorm Weib zu groß. Sitzt das Misstrauen gegen die Vereinigung von Mann und Frau zu tief.

Schon im *Fliegenden Holländer* trieb Wagner die Panik um, dass eine Frau imstande ist, einen Mann zu verraten. Die Crux beginnt, wenn der Mann – der Überlegene, der Stärkere – sich einer Frau – einem als schwächer erachteten Wesen – ausliefert und ihr damit eine Macht erteilt, die ihr nicht zustehen darf. Denn was bleibt übrig vom starken

Manne, wenn er sich als vom schwachen Weibe abhängig erfahren muss?

Wagners letzte Muse, die ihn zur Zeit des *Parsifal* aus der Ferne beglückte, war die junge französische Schriftstellerin und Schriftstellertochter Judith Gautier, von der Baudelaire vorhersagte, dass sie viele Männer ins Unglück stürzen würde, und die von Victor Hugo in einem berühmten Liebesgedicht angesungen wurde. Mit ihr pflegte Wagner einen regen Briefverkehr – er wies sie an, ihre Briefe an seinen Barbier in Bayreuth zu senden, um sie vor der eifersüchtigen Cosima zu verbergen. Außerdem bat er sie, ihm Satin und Seidenstoffe, Irismilch, Rosenpuder und Parfüm aus Paris schicken zu lassen. Aus den Briefen Wagners an Judith, die überliefert sind – irgendwann kam Cosima doch hinter die Affäre und vernichtete alle Briefe, die ihr für die Nachwelt ungeeignet erschienen – spricht vor allem eins: Wagners Angst, er könne diese Frau nicht ganz besitzen.

»Ich schreie nicht«, schreibt er in einem Brief, »aber in meinen besten Momenten bewahre ich mir eine so süße, wohltuende Sehnsucht, jene Sehnsucht, Ihre göttliche Liebe nie zu verlieren. Sie sind mein, nicht wahr?« Und an anderer Stelle »Werden Sie mich auch dann und trotzdem lieben? Ich hoffe es. Oh ja! Und wenn Sie es nicht wollen, so küsse ich Sie trotzdem! O, ich besitze schon ein Ding, das ich ›Judith‹ nenne.« Aus einem weiteren Brief erfahren wir, worum es sich bei dem »Ding« handelt: Um eine Chaiselongue, für die Wagner den Bezug bei Judith in Paris bestellt hatte – »gelber Satinhintergrund, so blass wie möglich, mit Rosen, das Muster nicht zu groß« – und auf die er sich in seinen Verzweiflungs- und Verlassenheitsmomenten zu werfen pflegte.

Was verrät uns all dies über den Gemütszustand der eingangs genannten Film- und Theatermacher, die dem Charme des *Parsifal* erlegen zu sein scheinen? Bedenkliches, steht zu befürchten.

Ist es immer noch – oder schon wieder – so schwer, ein Mann zu sein, dass man unter den seidenen Rockschößen des Meisters Zuflucht suchen müsste? Ist es unmöglich, den Sex wirklich – und nicht nur im Frauenfernsehen – zu entdämonisieren? Reichen die vorsichtigen Triebe der Emanzipation bereits aus, das männliche Selbstbewusstsein von der Wurzel her krank zu machen? Anscheinend ja. Und deshalb wird er noch eine große Zukunft vor sich haben, der reine Tor – die Hoffnung des hysterischen Mannes.

Fundamentalistin der Aufklärung

Thea Dorn stellt sich vor die Errungenschaften der Aufklärung und dennoch keine Guillotine hinters Haus.

»Wie fühlt es sich an, eine Fledermaus zu sein?«, fragt der Philosoph Thomas Nagel in seinem gleichnamigen Essay von 1974. Die Antwort: Wir Menschen werden es nie wissen – solange wir nicht selbst Fledermäuse sind. Ich muss Sie enttäuschen. Auch ich bin keine Fledermaus. Aber ich zähle zu einer anderen Spezies, über die neuerdings fast ebenso viele Mutmaßungen angestellt werden wie über die lichtscheuen Säugetiere. Die Rede ist von dem »Fundamentalisten der Aufklärung«. Deshalb darf ich mit gewissem Recht hoffen, Auskunft in der Frage erteilen zu können, wie es sich anfühlt, ein solches Wesen zu sein.

Wer unserer Spezies den Namen gegeben hat, lässt sich nicht mit Sicherheit sagen. Vermutlich war es Professor Timothy Garton Ash, im Hauptberuf Historiker. Das Verdienst, als Erster eine der Unseren öffentlich als »Fundamentalistin« bezeichnet zu haben, kommt allerdings einem anderen zu – Mohammed Bouyeri. Er schrieb: »Ich weiß sicher, dass Du, oh Ayaan Hirsi Ali, untergehen wirst! Ich weiß sicher, dass Du, oh ungläubige Fundamentalistin, untergehen wirst!«

Bouyeri ist im Hauptberuf nicht Historiker, sondern

rechtgläubiger Muslim, weshalb seine Zeilen auch nicht zuerst in der *New York Review of Books* zu lesen waren, sondern in einem Brief. In einem Brief, den er der Adressatin allerdings nicht mit der niederländischen Post zustellte, sondern mit einem Messer an die Brust Theo van Goghs heftete, nachdem er den Filmemacher zuerst erschossen und ihm dann die Kehle aufgeschlitzt hatte. Vielleicht hätte dieser Umstand ein Mitglied der Spezies »Oxford-Professor« dazu bringen können, etwas vorsichtiger in seiner Begriffswahl zu sein, aber gut, wir sind nicht empfindlich.

Als erstes Charaktermerkmal unserer Spezies darf ich Ihnen somit enthüllen: Uns sitzt die Hand weit weniger locker am Abzug als dem islamischen Fundamentalisten. Wieso wir mit jenem dennoch so eng verwandt sein sollen wie das Weißschwanzgnu mit dem Streifengnu, erklärt unser Entdecker so: »Aber, wird der Fundamentalist der Aufklärung protestieren, unser Glauben ist auf Vernunft gegründet! Na und, gibt der islamistische Gotteskrieger zurück, unser Glauben ist auf Wahrheit gegründet!« Und schon stehen wir dumm da: Mit gesenktem Schädel, Gehörn gegen Gehörn, so aussichtslos verkeilt wie zwei Kuhantilopen in der afrikanischen Savanne. Dabei weiß TGA, wie man sich ganz einfach aus der Verkeilung lösen könnte. Man, das heißt wir Aufklärungs-Fundamentalisten geben unseren Glauben auf und verhandeln. Und deshalb weiß ich jetzt auch, wie wir die Spezies, zu der TGA gehört, präziser bezeichnen sollten: »Unterhändler der Aufklärung«.

Worüber dieser bereit ist zu verhandeln, hat er uns auch

schon verraten: In die Frage, ob Muslime ihre Frauen unter den Schleier zwingen, sollten wir alte Europäer uns nun wirklich nicht einmischen. Und lassen wir hier vornehme Zurückhaltung walten, wird der islamistische Gotteskrieger nämlich im Gegenzug sofort bereit sein, uns in der Frage der Meinungsfreiheit entgegenzukommen – die der Professor dann schon weniger gern verhandeln möchte. Da es ein weiteres Wesensmerkmal unserer Spezies ist, im Grunde freundliche Menschen zu sein, erspare ich TGA die naheliegende Frage, ob seine Abgeklärtheit in Sachen Zwangsverschleierung etwas damit zu tun haben könnte, dass selbst der fundamentalistischste Dschihadist kaum je auf den Gedanken kommen wird, männlichen Oxford-Professoren das Kopftuch zu verordnen.

Die zentrale Argumentationskette des Unterhändlers der Aufklärung gegen uns lautet so: Fakt ist, dass es in Europa immer mehr Muslime gibt. Also haben wir einen Teil von deren Wertvorstellungen zu übernehmen, ganz gleich, ob sie sich mit unseren beißen. Anders gesagt: Der Fusion-Trend, der die westlich urbanen Küchen so spielerisch erobert hat, soll auf das ethische Feld ausgeweitet werden. Keiner von uns möchte bestreiten, dass es eine kulinarische Bereichung darstellt, zum Sauerkraut statt Rippchen Falafel zu essen. Wie dagegen der Glaube ans vernunft-, freiheits- und gewissensbegabte Individuum fusionierbar sein soll mit dem Glauben, dass der Mensch nichts ist, wenn er sich nicht Allah unterwirft – das hat uns bis zum heutigen Tag kein noch so begnadeter Fusion-Koch erklären können.

Wann immer wir uns anmaßen, Muslime nicht als fremdgesteuerte Herdentiere, sondern als zurechnungsfähige Individuen zu betrachten und von ihnen dementsprechend Verhaltensweisen zu verlangen, die eines zurechnungsfähigen Individuums würdig sind, zuckt der Unterhändler der Aufklärung nur mitleidig die Achseln: »Es ist einfach nicht realistisch.« Sieht so die »normative Kraft des Faktischen« im 21. Jahrhundert aus? Oder ist es, um mit Nietzsche einen älteren Experten für Anti-Aufklärung zu zitieren, fatalistische »Unterwerfung unter das Tatsächliche«?

Nun möchte ich dem Aufklärungs-Unterhändler gar nicht unterstellen, dass ihn der Gedanke, eines Tages möglicherweise in einem islamischen Gottesstaat leben zu sollen, weniger schreckt als uns. Seine Abgeklärtheit bezieht er vor allem aus der Hoffnung, dass es so schlimm schon nicht kommen wird. Ian Buruma, Autor klarsichtiger Werke wie *Okzidentalismus: Der Westen in den Augen seiner Feinde*, der bis vor Kurzem selbst noch als Mitglied unserer Spezies galt, erklärt neuerdings, dass er den radikalen Islam für keine totalitäre Gefahr hält, zumindest nicht für Europa. Die gegenteilige Annahme setze ja voraus, dass die nächsten Generationen Einwanderer genauso schlecht integriert seien wie die vor ihnen, und, O-Ton Buruma: »Wir können nur hoffen, dass dies nicht der Fall sein wird.« Wir können es nur *hoffen*? Zugegeben: Hier offenbart sich ein weiteres Wesensmerkmal unserer Spezies: In der Disziplin »Hoffen« sind wir nicht besonders gut. Besser schon sind wir darin, eindeutige Grundsätze zu fordern, die verhindern sollen, dass eines Tages tatsächlich nur noch hoffen hilft. Und damit kommen wir zu der heiklen Frage, welche Mittel einzusetzen wir bereit sind, um den Forderungen der Aufklärung Nachdruck zu verleihen. Viele von uns sind ebensolche Verehrer wie Meister des Wortgefechts. Doch keiner von uns hat die Hoffnung, Worte könnten in jeder Situation die ausreichende Waffe sein. Oder, wie es unser oberstes Alpha-Tier, Ayaan Hirsi Ali, beschreibt: »Es gibt die pazifistische Ideologie, dass Gewalt niemals und unter keinen Umständen angewandt werden darf. Deshalb sollen wir reden und reden und reden. Selbst wenn dein Gegner sagt: ›Ich will nicht mit dir reden, ich will dich vernichten‹, ist die Reaktion: ›Dann lass uns bitte über die Tatsache reden, dass du mich vernichten willst.‹«

Ja, unter Umständen rufen wir Fundamentalisten der Aufklärung also durchaus dazu auf, Gewalt einzusetzen. Nämlich genau dann, wenn die gegnerische Seite den Boden des Diskurses längst verlassen hat und sich tief im Feld der Gewalt befindet. Aber keine Angst: Auch wenn wir für das Kopftuchverbot an öffentlichen Erziehungs- und Bildungseinrichtungen sind – keiner von uns will Köpfe rollen sehen. Robespierre gehört nicht in unseren Stammbaum, und keiner von uns hat eine Guillotine im Garten stehen.

Ich denke, damit bin ich an dem Punkt angekommen, an dem ich Ihnen den versprochenen Blick auf den Grund unseres Fühlen und Denkens gewähren kann: Wir sehen, dass Europa auf dem besten Weg ist, sich abermals in einen Schlamassel hineinzumanövrieren, in dem die mühsam errichteten Deiche der Zivilisation aufs Neue brechen können. Und wir sind überzeugt, dass es nur einen Weg gibt, dies zu verhindern: Indem wir unmissverständlich und unnachgiebig für die Werte der Aufklärung einstehen und die Einhaltung dieser Werte von *allen*, die auf dem europäischen Kontinent leben, einfordern. Meinetwegen mag man das »fundamentalistisch« nennen. Aber dann dürfen wir jeden, dem die Aufklärung tatsächlich am Herzen liegt und nicht Ängstlichkeit den Blick trübt, als Mitglied unserer Spezies begrüßen.

Zum Schluss lohnt es sich, noch ein paar Worte über unsere geografische Verbreitung zu verlieren. Es gibt nämlich Gerüchte, dass wir in Europa eigentlich nicht (mehr) heimisch seien. So erläuterte Ian Buruma anlässlich des Kontinentwechsels unseres Alpha-Tiers in einem New Yorker Radiointerview: »Ich denke, Ayaan Hirsi Ali gehört nach Amerika. Auch von ihrer Persönlichkeit her. Sie ist ganz klar der Typ, der sich an den eigenen Haaren aus dem Sumpf zieht, der sich auf die eigenen Talente und die eigene Kraft verlässt. Und sie erinnert mich ein bisschen an Margaret Thatcher in dem Sinn, dass beide nur eine sehr eingeschränkte Toleranz für Leute aufbringen, die unter ähnlichen Umständen nicht die Gelegenheit oder die Intelligenz oder die Kraft haben, es selbst zu schaffen.«

Margaret Thatcher: Eine heimliche Amerikanerin? Doch abgesehen davon – so redet der liberal-paternalistische Hirte, angetrieben von der Sorge, seine schwachen Schäfchen durch die »Last der Zivilisation« zu überfordern. Wird unsere Ayaan deshalb so doppelt misstrauisch beäugt, weil ihre Biografie ein grandioser Beweis dafür ist, dass aus einem kleinen somalischen Mädchen, für das die Gemeinschaft eine Karriere als vollverschleierte Söhnefabrik vorgesehen hatte, ein stolzes, mutiges, höchst eigenwilliges Individuum werden kann? Und überführt sie also weniger durch ihre Reden, als vielmehr durch ihr gesamtes Leben all diejenigen der Kleinmütigkeit, die das Individuum permanent vor den Frösten der Freiheit schützen wollen? Sicher, nicht jede(r) hat das Zeug, eine Hirsi Ali zu werden. Doch wem ist geholfen, wenn man allen einredet, es gar nicht erst versuchen zu sollen, sich an den eigenen Haaren aus dem Sumpf zu ziehen?

Vielleicht hat Buruma ja recht, und der Glaube ans Individuum, daran, dass ein Mensch sich entwickeln, an sich arbeiten, Selbstständigkeit lernen kann, ist heute nicht mehr europäisch, sondern amerikanisch. Vielleicht gehören wir Aufklärungs-Fundamentalisten in Europa tatsächlich zu den aussterbenden Arten. Noch gibt es uns.

Lasst Kunstblut fließen!

Thea Dorn plädiert für dreckige Kunst.

Ein Kopf fliegt durch die Luft. Rückenmark spritzt aus Wirbelknochen. Ein Geschoss durchbohrt weiße Zähne, schneidet eine Zungenwurzel ab und tritt im Nacken wieder aus.

Nein, diese Szenen finden sich nicht in meinem neuesten Roman. Auch nicht im letzten Kettensägenmassaker, dass die Pixelmeister in Hollywood angerichtet haben. Sondern in der *Ilias*. Jenem Werk, mit dem das abendländische Erzählen seinen Anfang nahm.

Standen auch damals, als Homer über die Marktplätze zog, um sein Epos vorzutragen – gehen wir für den Moment einmal davon aus, dass der blinde Dichter tatsächlich der erste Lesereisende unserer Kultur war –, standen auch damals schon die Zartbesaiteten auf, um ihn zu fragen, warum er sie mit solch einem gewalttätigen Werk belästigen müsse? Mute einem die Wirklichkeit nicht schon genügend Grausamkeiten zu?

Die Überlieferung schweigt zu diesem Punkt, dennoch dürfen wir annehmen, dass die am Jugendschutz orientierte Empfindlichkeit in Sachen Kunst kein Kind der Früh-, sondern der Spätzivilisation ist. Zwar wollte der mächtigste

Kopf der griechischen Antike, Platon, die Künstler aus seinem (totalitären) Staat allesamt hinausgeworfen sehen. Der zweitmächtigste (und deutlich ruhigere) Kopf, Aristoteles, erkannte jedoch, dass gerade die Kunst, die den Zuschauer »Schaudererregendem« und »Jammervollem« aussetzt, eine hohe zivilisatorische Funktion übernimmt. »Kathartisch« wird die Kunst, wenn sie dem Menschen einen Raum öffnet, in dem er all die düsteren, extremen Affekte ungestraft ausleben kann, die er im zivilisatorischen Alltag eindämmen und verdrängen muss.

Nun sind die Gutmeinenden und Nochbesserwissenden unserer Tage schnell dabei, die Katharsistheorie mit derselben Geste wegzuwischen, mit der man Aristoteles' gewagte These, der Bison verteidige sich, indem er seinen Kot um sich schleudere, wegwischen mag. Ihr Credo: »Gewaltverherrlichende« Kunst führe nicht dazu, den Menschen mit den Einschränkungen der Zivilisation zu versöhnen, sondern befördere im Gegenteil die allgemeine Verrohung.

Der Vater des deutschen Missverständnisses in Sachen Katharsis ist Lessing. Humanistisch macht er kurzerhand aus dem aristotelischen »*Phobos*« (Schaudern, Schrecken) und »*Eleos*« (Jammern, Klagen) sein sprichwörtlich gewordenes »Furcht und Mitleid«. Die kathartische Funktion von Kunst, die man schlicht als »Reinigung des Gefühlshaushalts« oder Trieb- bzw. Aggressionsabfuhr beschreiben kann, wird zum Prozess, aus dem der Mensch geläutert und veredelt hervorzugehen habe. Also keine über die Bühne fliegenden Köpfe mehr, die Schrecken verbreiten und den

Zuschauer vor Angst (oder Lust?!) schreien lassen, sondern die Schaubühne als eine moralische Waschanlage – zu der sie endgültig Schiller machen wollte –, auf der das Schreckliche nur noch geduldet wird, wenn es den Zuschauer dazu bringt, mit den Gestalten, denen das Schreckliche widerfährt, mitzuleiden.

Gern mag man an dieser Stelle einwenden: Was haben Sie gegen Kunst, die dem Menschen bewusst macht, dass auch er ein leidendes, verletzliches Wesen ist? Die Antwort lautet: Nichts. Das Problem beginnt dort, wo der Kunst ausgeredet werden soll, dem Menschen bewusst zu machen, dass er ebenfalls ein Leid zufügendes, verletzendes Wesen ist. Wer es begrüßt, wenn der Dichter / Filmemacher das Schweigen der Lämmer zu Gehör bringt, darf nicht verlangen, dass Hannibal Lecter schweigt.

Die Utopie hinter diesen Weichspülungen entspringt der christlich-humanistischen Hoffnung, der Mensch könne eines Tages doch noch zu jenem engelsgleichen Wesen erzogen werden, dem alles »Unmenschliche« fremd geworden ist. Kein ungerechter Zorn mehr, wie Achilles ihn empfand; kein maßloser Hass mehr, wie er in Klytämnestra tobte; keine Mordlust mehr, wie Medea sie den schockierten Zuschauern entgegenschreit. Betrachten wir die Geschichte des Abendlands – die wir trotz aller Rückfälle in die Barbarei als eine fortschreitende Zivilisationsgeschichte lesen sollten –, müssen wir zu der nüchternen Erkenntnis kommen: Wir werden den Dreck nicht los. Da können wir noch so viele Pestalozzikindergärten und

Waldorfschulen gründen, noch so viele »Nimm-Rücksicht-Nachbar!«-Kampagnen starten, noch so viele Therapeuten und Sozialarbeiter durchs Land schicken: Neid, Hass, Wut, voyeuristische, sadistische, destruktive Triebe werden Teil der menschlichen Psyche bleiben.

Nun sollte sich eine Gesellschaft jedoch davor hüten, den Zivilisationsgedanken mit dem christlich-humanistischen Bade auszukippen. Anders als manch französisch inspirierter Psychoanalytiker oder Kulturwissenschaftler meint, kann es auch kein Weg sein, diese Negativkräfte einfach zum Zivilisationsbestandteil zu erklären und damit den Verbrecher und den Mörder auf dieselbe Stufe zu stellen wie den Bierdosensammler, Höschenfetischisten oder sonstigen Schrullenpfleger. Eine Gesellschaft muss sich gegen diejenigen, die im wirklichen Leben Hass und Gewalt verbreiten, zur Wehr setzen. Alles andere bedeutet Kapitulation. Dieses »Sich-Zur-Wehr-Setzen« schießt jedoch übers Ziel hinaus, wenn es glaubt, die Abgründe des Menschen zuschütten zu können, wie der Zahnarzt einen hohlen Zahn füllt.

Eine Möglichkeit ist es, an jeder Straßenecke einen Sandsack aufzustellen, an dem sich das explodierende Gemüt abreagieren mag. Eckkneipen und Fußballstadien leisten ebenfalls wertvolle Dienste. Noch besser wäre es, wenn wir Abendländer uns darauf besinnen würden, dass die Kunst von Anbeginn an unser nobelstes Ventil war, den Druck im Zivilisationskessel zu regulieren. Denn es *macht* einen Unterschied, ob die Wut auf ein rundes Stück Leder eintritt – oder auf dreigliedrigen Versfüßen daherkommt. Und mag der nostalgisch gestimmte Bildungsbürger auch seufzen, dass die schönen Tage, in denen sich die Wut noch daktylische Zügel angelegt hat, lange vorbei sind – selbst der schlichteste Gangsta Rapper hat in dem Moment, in dem er darüber nachdenken muss, ob er »Fotze« lieber auf »Kotze« oder »Rotze« reimen soll, bereits den Königsweg der Sublimierung beschritten.

Natürlich ist die Frage berechtigt, ob es dem Rapper gelingt, seine Klientel auf diesen Königsweg mitzunehmen, oder ob sie seine Texte als reale Handlungsaufforderungen missversteht. Die Fähigkeit, Kunst ästhetisch wahrzunehmen, setzt ein Minimum an ästhetischer Bildung voraus – um die es allerdings auch beim vermeintlich bildungsnahen Publikum nicht immer zum Besten bestellt ist. (Welcher Autor, der einen literarischen Text in der Ich-Form präsentiert, sah sich bei Lesungen noch nicht mit der Frage konfrontiert, ob ihm das Erzählte auch tatsächlich passiert sei?)

Selbstbewusste Kunst will ästhetisch wahrgenommen werden – in ihrem eigenen abgeschirmten Reich des »Als-ob«, in dem die Masken der Zivilisation fallen dürfen, weil die Masken der Kunst aufgesetzt wurden. Darin ist sie dem Karneval nicht unähnlich. Kunst, die zur unmittelbaren Nachahmung in der Wirklichkeit animiert, hat die Schwelle zur Pornografie überschritten.

Noch nie ist es der Kunst allein gelungen, das Abgleiten einer Gesellschaft in die Barbarei zu verhindern – allerdings stellt dies auch keine Forderung dar, sondern eine Überforderung. Die brachialen bis endzeitseligen Klänge von Liszt und Wagner mögen den kongenialen Soundtrack zu Stalingrad geboten haben – dennoch ist es hilfreich, sich hin und wieder ins Gedächtnis zu rufen, dass nicht jene beiden Komponisten versucht haben, die Welt in den Orkus zu stoßen, sondern ein ebenso talent- wie erfolgloser Maler, der als junger Mann keine blutberauschten Völkermordgemälde auf die Leinwand brachte, sondern süßlichen Landschaftskitsch.

Trotz aller gegenteiligen Hysterien sind die heutigen demokratischen Gesellschaften in ihrem Alltag mit so wenig physischer, elementarer Gewalt konfrontiert wie nie zuvor, und – um das abgedroschene Zitat zu bemühen – das ist auch gut so. Gerade deshalb dürfen wir nicht dem Trugschluss aufsitzen, wir hätten endlich im Grandhotel »Zum ewigen Frieden« eingecheckt – das sich bei näherem Hinsehen allerdings als straff geführtes Landschulheim entlarvt.

Jede Zivilisation braucht Rituale, in denen sie dem Verdrängten, Ausgeschlossenen sein Recht einräumt. Den Menschen der Antike war bewusst, dass sie auch die unterirdischen Gottheiten zu fürchten *und* zu ehren hatten. Einer reifen, erwachsenen Gesellschaft muss der Blick auf das, was unter dem dünnen Lack der Zivilisation verborgen liegt, zugemutet werden können. Der Satz: »Es gibt so viel Schreckliches auf der Welt – da braucht doch nicht auch noch die Kunst von Schrecklichem zu handeln«, ist infantil.

Der schwarze Mann verschwindet nicht, nur weil ich mir die Augen zuhalte.

Vier Stunden mit Fritzl

Thea Dorn macht einen Ausflug nach Niederösterreich.

Zwei robuste dunkelgraue Schnürstiefel, ordentlich aufgestellt, rechts und links von hölzernen Stuhlbeinen gerahmt. Die Hosenbeine darüber sind ein Spur zu akkurat gebügelt, zu elegant, um auf solche Stiefel zu stoßen. Ein grau-blau-kleinkariertes Jackett drückt sich gegen die hölzerne Stuhllehne, die Schultern um Haltung bemüht. Zwei altersfleckige Hände ragen aus den Ärmeln, liegen wie halb tote Reptilien auf dem Tisch, die das Gesicht ihres Herrn nur noch hie und da aus alter Gewohnheit suchen. Das weißgraue Haar, von dem die Schwägerin höhnte, es sei implantiert, vermag die kahlen Stellen am Hinterkopf nicht mehr zu bedecken. Doch von seiner Mähne trennt sich der Löwe zuletzt.

Da sitzt er also. Keine zehn Meter vor mir. Im Schwurgerichtssaal des Landesgerichts St. Pölten. An jenem Katzentisch, an dem Platz zu nehmen die Vorsitzende Richterin ihn aufgefordert hat.

Wie blickt man auf einen Menschen, der seine eigene Tochter vierundzwanzig Jahre in einem fensterlosen Kellerverließ eingesperrt, dort dreitausendmal vergewaltigt und gemeinsam mit ihr acht Kinder gezeugt hat, von denen eines das trübe Licht des Kellertages nie erblickte, weil es bereits im Mutter-Tochter-Leib starb; eines kurz nach der Geburt zu atmen aufhörte; drei »im Licht« aufwachsen durften – ohne zu ahnen, dass ihr Großvater gleichzeitig ihr Vater ist – und drei bis zum Tag ihrer Befreiung im unterirdischen Großvaterreich vegetieren mussten? Wie beschreibt man einen Mann, der den Keller seines eigenen Hauses zur Tabuzone erklärt hat, um dort nicht nur ungestört Inzucht zu treiben, sondern mit seiner Tochter, seinem eigen Fleisch und Blut, eine regelrechte In-Zucht anzulegen?

Vom 29. August 1984 bis zum 26. April 2008 währte die obszöne Unterwelt, die Josef Fritzl sich erschaffen hatte. 8642 Tage. Das Hirn stößt sich wund beim Versuch zu ermessen, was diese Zahl wirklich bedeutet.

Zu Beginn des Prozesses hatte die Staatsanwältin die Geschworenen angefleht, sich auszumalen, was es heißt, eine solche Ewigkeit in einem Loch zu verbringen, das an den höchsten Stellen gerade mal 1,74 Meter misst, das von Schimmel und Modergeruch durchdrungen ist und phasenweise in totaler Dunkelheit liegt. Die Staatsanwältin hat Gegenstände aus dem Keller mitgebracht, an denen die Geschworenen riechen sollten, sie hat die 1,74 Meter an der hohen Gerichtstür mit Klebeband markiert, um den Geschworenen die Einfühlung zu erleichtern. Obwohl die Maßnahmen höchst effektvoll waren, bin ich sicher: Die menschliche Einbildungskraft versagt. Der Versuch, die 8642 Tage im Keller zu ermessen, ist so vergeblich wie der Versuch, sich die Unendlichkeit des Weltalls vorzustellen.

Weil es dem Menschen aber eigen ist, dass er das Unfassbare irgendwie doch fassen will, starrte die ganze Welt im vergangenen Jahr nach Amstetten, den Ort des monströsen Abgrunds. So wie sie in dieser Woche nach St. Pölten starrte, den Ort, an dem die menschliche Gerechtigkeit die Oberhand über den monströsen Abgrund gewinnen sollte.

»Ich seh' nichts, ich seh' nichts. O, man müsst's sehen: man müsst's greifen können mit Fäusten,« stöhnt Woyzeck in Georg Büchners gleichnamigem Theaterstück. An diese Sätze dachte ich, als ich in jenem Schwurgerichtssaal saß, im selben Raum mit Josef Fritzl.

Nein. Man sieht nichts. Man kann's nicht mit Fäusten greifen.

Und dennoch. Die Staatsanwältin warnte am ersten Prozesstag die Geschworenen, sich von der Fassade des »netten alten Herrn von nebenan« nicht täuschen zu lassen. Eine österreichische Zeitung meinte, im Gerichtssaal ein »Armutschkerl«, eine bedauernswerte Jammergestalt, gesehen zu haben. Ganz so harmlos erschien mir der Nacken nicht, auf den ich blickte, sobald Fritzl an seinem Katzentisch Platz nahm. Noch weniger das Profil, das er zeigte, solange er von Justizwachen gerahmt auf der Anklagebank saß.

Am Dienstagnachmittag soll Fritzl erschüttert gewesen sein, nachdem er sich – unter Ausschluss der Öffentlichkeit, unter den Augen seiner Richter – per Video hatte anschauen und -hören müssen, wie seine Tochter ihre Zeit in der Vaterhölle beschrieb. Als er entdeckte, dass plötzlich sie selbst in einer der leeren Zuschauerreihen im Gerichtssaal saß, soll er zusammengebrochen sein. Von dieser Erschütterung, diesem Zusammenbruch war am Donnerstag, dem Tag des Urteils, nichts mehr zu spüren.

Der dort auf der Anklagebank sitzt, mag eingeschüchtert, gebrochen sein. Der alte Despot blitzt immer noch durch. Am ersten Prozesstag hatte er den Blick kein einziges Mal gehoben, kein einziges Mal in Richtung der Staatsanwältin geblickt, als diese die Anklage gegen ihn vortrug. Am letzten Prozesstag, als die Staatsanwältin in ihrem abschließenden Plädoyer noch einmal die Liste seiner Taten entrollt, ihn noch einmal mit Nachdruck des Mordes an seinem Inzest-Zwillingssohn Michael beschuldigt, weil er dessen Tod vorsätzlich und wissentlich in Kauf genommen habe, und als Strafe »lebenslänglich« fordert, sieht Fritzl immer wieder zu ihr hinüber. Seine Blicke lassen ahnen, was er mit der zierlichen 33-Jährigen in der schwarz-roten Robe tun würde, würde sie ihm nicht in einem streng bewachten Gerichtssaal, sondern allein in einem Keller begegnen.

Der moderne Rechtsstaat funktioniert nach papiertrocken formulierten Gesetzen und Paragrafen. Seine Rituale sind nüchtern, vor Gericht regiert die abwägende Vernunft, ganz gleich, wie unfassbar die Taten sind, die zu be- und verurteilen sind. So war es auch beim »Jahrhundertprozess« in St. Pölten. Und es ist gut, dass es so war. Gibt der Rechtsstaat auch nur eine Sekunde Rachefantasien wie derjenigen nach, die Fritzls Verteidiger per E-Mail zugeschickt wurde und die er am Donnerstag im Gerichtssaal vorlas (»Dreckschwanz abschneiden, ins Maul stopfen, Arme und

Beine abschneiden, halb tot treten und in das Verließ werfen, in das er seine Tochter eingesperrt hat«), ist er selbst auf dem Weg in Fritzl'sche Barbarei. Wer seine archaischen Vergeltungsgelüste stillen will, mag in den antiken Sagen und Mythen lesen. Dort werden Übeltäter gesteinigt, zerschnitten und anderen Höllenqualen ausgesetzt. Unsere heutige, zivilisierte Wirklichkeit beruht darauf, dass solche Gelüste auch denen gegenüber unterdrückt werden, die ihre barbarischen Triebe selbst nicht unterdrücken können.

Und dennoch wehte trotz aller rechtsstaatlichen Nüchternheit in jenen Tagen in St. Pölten ein Hauch von höherer Gerechtigkeit durch den Saal, die sich nicht in Urteilsspruch und Strafmaß ausdrücken lässt: Ich werde den Verdacht nicht los, dass die eigentliche Höchststrafe für Fritzl nicht darin besteht, dass er mit an Sicherheit grenzender Wahrscheinlichkeit den Rest seines Lebens in einer »Anstalt für geistig abnorme Rechtsbrecher« verbringen wird, sondern darin, dass er vier Tage lang vor vier Frauen kuschen musste, zum Teil unter den Augen der Medien, und noch schlimmer: An einem Tag sogar unter den Augen seiner von ihm versklavten Tochter.

Dr. Andrea Humer, die Vorsitzende Richterin, schickte Fritzl von der Anklagebank zum kleinen Einzeltisch und wieder zurück. Christiane Burkheiser, die Staatsanwältin, las ihm die Leviten. Dr. Adelheid Kastner, die forensisch-psychiatrische Gutachterin, erklärte, warum der kleine Josef zu dem wurde, was er geworden ist. Und Eva Plaz, die Opferanwältin, meldete sich ganz zum Schluss überraschend auch noch zu Wort, um mit leiser Stimme die Botschaft der Tochter vorzutragen, man möge den Vater des Mordes schuldig sprechen, und die Geschworenen zu ermahnen: »Glauben Sie dem Angeklagten auch weiterhin kein Wort.«

Vier Frauen haben das »Inzest-Monster« als greisen, bösen Schulbuben vorgeführt. Starke, im Leben erfolgreiche Frauen, wie Elisabeth Fritzl eine hätte werden können, hätte ihr Vater nicht vor über fünfundzwanzig Jahren ebendies gefürchtet und sie deshalb in sein morbides Reich gezwungen. Frauen, wie sie in den Albträumen des Josef Fritzl wohl aussehen.

Geliebter Mörder

Thea Dorn wagt sich in Blaubarts Burg und entdeckt eine Kulturgeschichte des Geschlechterscheiterns.

Dass Liebesgeschichten schlecht enden, ist eine Binsenweisheit, zumal wenn wir uns ins Reich der Kunst begeben. Gelingende Zweisamkeit mag das Garn sein, aus dem bürgerliche Träume geklöppelt sind – Sagen, Dramen und Opern entstehen nur dort, wo Mann und Frau aufeinanderprallen, um sich zu vernichten oder gemeinsam zu verglühen. Einer der gewaltigsten Teilchenbeschleuniger für die Experimente zwischen Mann und Frau ist Blaubarts Burg. Seit über dreihundert Jahren zieht sie Schriftsteller und Komponisten in ihren Bann. Quer durch die europäische Kulturgeschichte treffen wir Frauen, die Blaubart fürchten, ihm erliegen, ihn durch ihre Liebe erlösen wollen oder am Ende gar selbst auf Erlösung hoffen. Wer wissen will, wie sich gesellschaftliche und religiöse Verwerfungen im Geschlechterkampf verdichten, sei eingeladen, Blaubarts verbotene Kammer zu betreten.

Feudaler Wüstling sucht gehorsames Weib

Der Erste, der die alte, mündlich überlieferte Schreckensmär im Jahre 1697 aufschrieb, war der Franzose Charles Perrault.

Bei ihm ist der Blaubart ein legendär reicher Mann, der dennoch als abstoßend gilt – nicht nur die Schelmin wird den blauen Bart als Zeichen einer dubiosen Sexualität verstehen. Außerdem gibt es Gerüchte, dass der Blaubärtige bereits mehrfach verheiratet gewesen sein soll, und niemand weiß, was aus diesen Ehefrauen geworden ist. Dennoch gelingt es ihm, eine »Dame von Stand« zu überreden, dass sie samt ihren beiden Töchtern einige Zeit in einem seiner Landhäuser zubringt – die beiden Mädchen erleben dort einen solchen Wohlstand und eine solch bezaubernde Form der »*douce vie*«, dass die jüngere sich schließlich doch entscheiden kann, den reichen Mann trotz der Gerüchte und trotz seines blauen Barts zu heiraten.

Nachdem sie einen Monat verheiratet sind, erklärt der Blaubart seiner Frau, dass er für einige Wochen verreisen müsse – sie solle einladen, wen immer sie wolle, Feste feiern, und die Schlüssel für Möbelspeicher, Schatztruhen, kurz: Für die Räume im gesamten Haus, wolle er ihr auch dalassen. Sie dürfe alles durchforschen – nur eine kleine Kammer im unteren Stockwerk nicht. Sollte sie dieses Verbot missachten und die Kammer dennoch betreten, habe sie »alles von seinem Zorn zu erwarten.« Sprichts und verschwindet.

Die junge Gattin gibt nun munter Feste, ihre Schwester und ihre Freundinnen bewundern den Reichtum, den die Glückliche erheiratet hat, sie selbst aber spürt, dass es sie unwiderstehlich zu der verbotenen Kammer im unteren Stockwerk zieht. Sie gibt ihrer Neugier endlich nach, schließt die Kammer auf – und entdeckt an den Wänden die ermordeten, aufgehängten früheren Frauen des Blaubart. Vor Schreck lässt sie den Schlüssel fallen – in die große Blutlache, die den ganzen Boden der Kammer bedeckt.

Nachdem die junge Frau die Kammer verlassen und sich ein wenig beruhigt hat, sieht sie, dass an dem Schlüssel ein Blutfleck ist. Ähnlich wie sich die Shakespear'sche Lady Macbeth darum bemüht, das Blut von ihren Händen zu waschen, versucht nun die arme Madame Blaubart, den Schlüssel vom Blutfleck zu reinigen – ebenso vergeblich.

Ihr Mann kommt überraschend früher von seiner Reise zurück und will die Schlüssel wiederhaben. Madame Blaubart versucht die Rückgabe des verbotenen Schlüssels hinauszuzögern, indem sie behauptet, sie habe ihn verlegt – doch letztlich muss sie dem Drängen ihres Mannes nachgeben. Und dieser entdeckt den Blutfleck sofort. Seine Reaktion: »Es gilt zu sterben, Madame!«

In Todesangst schickt die junge Frau ihre Schwester auf den Turm, damit sie nach den Brüdern Ausschau halte, die versprochen hatten, sie am heutigen Tag zu besuchen. Die Brüder kommen just in dem Moment, in dem Blaubart ins Zimmer seiner Frau stürmen will, um diese zu köpfen. Es gelingt ihnen, Blaubart zu töten, bevor dieser die Rache an ihrer Schwester vollziehen kann. Die solchermaßen zur Witwe Gewordene erbt sein gesamtes Vermögen – das sie im Wesentlichen dazu verwendet, ihre Schwester mit einem Edelmann und sich selbst mit einem »höchst ehrenwerten« Mann zu verheiraten, der sie »die schlimme Zeit vergessen lässt, die sie mit Blaubart verbracht hatte.«

Liest man dieses Märchen, drängt sich die Frage auf, wer hier *eigentlich* der *bad guy* ist: Der tyrannische, blutrünstige Blaubart? Oder das neugierige Frauenzimmer, das seine Nase in verbotene Angelegenheiten steckt?

Wie in der damaligen Zeit nicht unüblich lässt Perrault auf das Märchen eine »Moral von der Geschicht'« folgen, sie lautet: »Die Neugier, trotz all ihrer Reize, kostet oft reichlich Reue. Jeden Tag sieht man tausend Beispiele dafür geschehen. Das ist, wenn es den Frauen auch gefällt, ein ziemlich flüchtiges Vergnügen, sobald man ihm nachgibt, schwindet es schon, und immer kostet es zuviel.«

Auch wenn in dieser Moral hervorgehoben wird, dass die tausend Beispiele für die Schädlichkeit der weiblichen Neugier täglich zu besichtigen seien, fällt es dennoch schwer, hierin nicht in erster Linie einen Kommentar zu *dem* Sündenfall der Menschheit – der Vertreibung aus dem Paradies zu erkennen. Bekanntermaßen war Eva es, die sich von der Schlange überreden ließ, vom verbotenen Baum der Erkenntnis zu essen – und bezeichnenderweise gibt es eine spätere Bearbeitung des Blaubart-Stoffes durch Ludwig Bechstein, in der Blaubarts junge Gattin selbst zögert, die verbotene Kammer zu öffnen, und erst von ihrer Schwester, der Schlange, dazu verführt wird.

Doch sollte dies wirklich die Moral von der Geschicht' sein – warum lässt Perrault seinen Blaubart dann nicht die junge Gattin tatsächlich ermorden, sondern im Gegenteil: Lässt sie von ihren Brüdern erretten und auf diese Weise zur reichen Witwe werden, die sich glücklich wiederverheiraten darf? Da verfuhr der alttestamentarische Schöpfer doch deutlich strenger mit der neugierigen Sünderin, indem er ihr als Schicksal auferlegte, ihre Kinder fürderhin unter Schmerzen gebären zu müssen und nach dem Mann zwar Verlangen zu haben – vom diesem jedoch beherrscht zu werden.

Die Frage, wie es um die Herrschaft von Mann über Frau, die Eva als biblische Strafe für ihre Neugier zu erdulden hatte, in seinen Tagen bestellt ist, beschäftigt Perrault in einer zweiten »Moral«, die er dem Märchen beifügt.

Sie lautet: »Wenn man auch noch so wenig Scharfsinn hätte und verstünde kaum das Zauberbuch der Welt, man sähe rasch, dass diese Geschichte ein Märchen aus vergangener Zeit ist. Es gibt keine so schrecklichen Gatten mehr, und keinen, der das Unmögliche verlangt, wenn er unzufrieden oder eifersüchtig ist. Bei seiner Frau sieht man ihn Schmeichelreden führen, und welche Farbe sein Bart auch haben mag, man kann kaum erkennen, wer von beiden der Herr ist.«

Es ist leicht, sich über diese Bemerkung lustig zu machen, sie als die übertriebene Empfindlichkeit eines Mannes zu deuten, der bereits bei den ersten Anzeichen einer weiblich-emanzipatorischen Morgenröte das gesamte Patriarchat in Gefahr sieht, das sich nüchtern betrachtet im späten 17. Jahrhundert bester Wirkmacht und Geltungskraft erfreute. Aber so einfach sollte man bzw. frau es sich nicht machen. Die Ambivalenz, die Perrault im Umgang mit der Blaubart-Gattin an den Tag legt, verrät vielmehr etwas über die Risse und Selbstzweifel, die das in jener Zeit entstehende Bürgertum zumindest unterschwellig geplagt haben müssen.

Die Abkehr von unhinterfragten Autoritäten läutete das Ende der christlich-feudalen Ordnung ein, die Europa auch im 17. Jahrhundert noch bestimmte. Und so wie Ungehorsam den Beginn der bürgerlichen Emanzipation auf gesellschaftlicher Ebene bedeutete – bedeutete Neugier, Hinterfragen, In-Zweifel-Ziehen den Beginn der geistigen Emanzipation des Menschen bereits seit der Antike.

Die beiden Zentrallaster, vor denen das Blaubart-Märchen angeblich warnen will: Neugier und Ungehorsam, entpuppen sich bei näherer Betrachtung just als jene Kräfte, die die geistige und gesellschaftliche Emanzipation des Bürgertums antrieben.

Vor diesem Hintergrund lässt sich besser verstehen, warum es Perrault nicht übers Herz brachte, »seine« Blaubart-Gattin am Schluss tot in der Kammer enden zu lassen. Selbst wenn Blaubart von ihm nicht explizit als Feudalherr, als Vertreter der alten Gesellschaftsordnung benannt wird, trägt er in seiner Maßlosigkeit und Unbeherrschtheit dennoch alle Züge der verabscheuten alten Tyrannen, deren Willkür sich der Bürger nicht länger unterwerfen wollte.

In der französischen Volksmythologie war die Figur des Blaubart ohnehin mit der realen, historischen Schreckensfigur des Gilles de Rais zu einer Art Übermonster verschmolzen. Gilles de Rais hatte als Marschall 1429 an der Seite von Jeanne d'Arc erfolgreich gegen die Engländer gekämpft, war in den darauf folgenden Jahren jedoch zum berüchtigten Kinder- vor allem Knabenmörder mutiert. Jahrelang hatten die Bauern und die einfache Bevölkerung der Umgebung ohnmächtig mit ansehen müssen, wie ihre Kinder in den diversen Schlössern und Burgen des Herrn de Rais auf Nimmerwiedersehen verschwanden. Erst als der Marschall militärisch überflüssig geworden war, seinen enormen Reichtum verschleudert hatte und somit keine Bestechungsgelder mehr zahlen konnte, gaben die zuständigen Herren aus Adel und Geistlichkeit Gilles de Rais zum Abschuss frei. Am 26. Oktober 1440 wurde er hingerichtet. Perrault wird beim Niederschreiben seines Märchens samt dessen doppelter »Moral« diesen Vertreter des feudal-sadistischen Herrschertypen par excellence im Kopf gehabt haben. Denn außer dem Sadismus und dem sagenhaften Reichtum gibt es eine weitere Gemeinsamkeit zwischen seinem Blaubart und dem historischen Gilles de Rais. Letzterer hat bei seinem Prozess unter anderem gestanden, Satanismus und Alchimie betrieben zu haben. Und wer, wenn nicht der Teufel selbst, soll dem Perrault'schen Blaubart verraten haben, wie man einen Schlüssel so präpariert, dass ein Blutfleck, den man auf der einen Seite abgewischt hat, prompt auf der andere Seite wieder erscheint?

Die Zeit der feudalen, irrationalen Willkürherrschaft ist vorbei, die alten Blaubärte müssen ab – das ist die eine Botschaft des Märchens, wie Perrault es erzählt. Doch gleichzeitig, so scheint es, ist dem jungen Bürgertum nicht restlos wohl gewesen bei seinem beginnenden Ungehorsam gegenüber den früheren Autoritäten. Zum einen wird die Angst eine Rolle gespielt haben, die alten, sich bis zur Französischen Revolution 1789 ja noch in Amt und Macht befindlichen Herren könnten jederzeit rächend zurückschlagen. Zum anderen muss das vorrevolutionäre Bürgertum bereits eine Ahnung beschlichen haben, dass es zu Chaos und neuer Barbarei führen wird, wenn alle Autorität infrage gestellt, jedes Verbot nur als Aufforderung begriffen wird, es zu überschreiten.

Dies erklärt, warum Perrault die Neugier und den Ungehorsam der Madame Blaubart nicht als Ausdruck des neuen Zeitgeists vorbehaltlos gutheißen will, sondern stattdessen sorgsam darauf bedacht scheint, mit der feudalen Ordnung nicht auch die patriarchale ins Wanken zu bringen. Die Forderung, der weibliche Teil der Gesellschaft möge sich der forschenden Neugier und des Ungehorsams enthalten, und sich stattdessen weiterhin in Folgsamkeit üben – eine Forderung, die eigentlich den Grundprinzipien des sich emanzipierenden, nach Autonomie strebenden Bürgertums widerspricht –, diese Forderung würde somit der Sorge entspringen, mit einer restlos von Glauben und Autoritätshörigkeit abgefallenen Welt könne es nicht gut enden. Anders formuliert: Der Verzicht auf Emanzipation war der Preis, den die Frauen dafür zahlen sollten (und auch gezahlt haben), dass sich die Männer von Gott und anderen absoluten Autoritäten emanzipieren konnten.

In der Tat spielt dieser Gedanke eine zentrale Rolle bis in die heutige Diskussion um Geschlechterrollen hinein.

Es gibt nicht wenige Feministinnen unserer Tage, die dem Bestreben von Frauen, an allen Bereichen männlicher Lebens- und Arbeitswelt gleichberechtigt teilnehmen zu wollen, vorwerfen, damit zum endgültigen Zerfall und zur Verrohung der Gesellschaft beizutragen, und stattdessen von Frauen verlangen, sich in ihrer Wertordnung den klassisch männlich-bürgerlichen Zielen: Durchsetzen der eigenen Interessen, beruflicher Erfolg, Gewinnmaximierung, zu verweigern.

Aufgewecktes Frauenzimmer sucht Abenteuer

Deutlich gelassener sieht Ludwig Tieck den weiblichen Drang zur Welterkundung. Von ihm stammt die nächste wichtige Bearbeitung des Blaubart-Stoffes hundert Jahre nach Perrault an der Grenze zum 19. Jahrhundert. Gleich zweimal hat sich der romantische Dichter der Figur angenommen: in seiner umfangreichen Erzählung *Die sieben Weiber des Blaubart* ebenso wie in seinem Theaterstück *Ritter Blaubart*. In beiden Werken heißt der Blaubart »Peter Berner« und ist ein gefürchteter Raubritter. Die Dame, der das zweifelhafte Glück zuteil wird, ihn zu ehelichen, ist eine »Agnes von Friedheim«, die sich bereits bei ihrem ersten Auftritt als quecksilbriger, höchst neugieriger Geist erweist. So verkündet sie in dem Theaterstück: »Ich möchte immer auf Reisen sein, durch unbekannte Städte fahren, fremde Berge besteigen, andre Trachten, andre Sitten kennenlernen. Dann mich wieder ganz allein in einem Palaste einsperren lassen und die Schlüssel zu jedem Gemach, zu jedem Schranke in Händen haben; dann würde eins nach dem andern aufgeschlossen. […] Ich habe mir schon oft gedacht […] wie ich aus einem Zimmer in das andere eilen würde, immer ungeduldiger, immer neugieriger.«

Agnes' Wunsch, in einem fremden Palast samt Schlüsselbund eingeschlossen zu sein, geht dank Blaubart prompt in Erfüllung. Doch als sie vor der Kammer steht, die Blaubart ihr in bekannter Manier verboten hat, packen sie Zweifel, ob sie diese Übertretung wirklich riskieren soll. »Hüte dich«, warnt sie sich selbst, als hätte sie eben noch die erste »Moral« zu dem Perrault'schen Blaubart gelesen: »Das, was dich jetzt peinigt, ist am Ende die berüchtigte weibliche Neugier.«

Auch wenn der – wohl kaum ganz ernst gemeinte – Name »von *Fried*heim« Agnes als Adlige ausweist, zeigt sie sich im nächsten Satz als waschechte Tochter der Aufklärung, die das Recht zu zweifeln, Gründe genannt zu bekommen, längst und ganz selbstverständlich für sich in Anspruch nimmt. Tieck lässt sie räsonieren: »Es muss doch irgendeinen *Grund* haben, warum er es mir so strenge verboten hat, und den Grund hätte er mir sagen sollen, so wäre meine Folgsamkeit ein *vernünftiger* Gehorsam, aber so handle ich nur aus einer *blinden* Unterwürfigkeit; eine Art zu leben, wogegen sich mein ganzes Herz empört.«

Nicht nur in diesem Zitat, im ganzen Stück wird die »Vernunft«, wird der »Verstand« als diejenige Macht beschworen, die den Menschen leiten soll. Wie bereits gesagt: Tieck hat seine beiden Blaubart-Texte hundert Jahre nach Perrault geschrieben. Das Bürgertum hatte sich mittlerweile gesellschaftlich-politisch durchgesetzt – die Aufklärung mit Werken von Voltaire, Diderot und Hume in ganz Europa Triumphe gefeiert, keine zwanzig Jahre war es her, dass Kant in seinem berühmten Aufsatz »Was ist Aufklärung?« die Bürger aufgefordert hatte, sich ihres eigenen Verstandes zu bedienen. Und tatsächlich lautet der Rat, den Anne ihrer Schwester Agnes im letzten Akt gibt, als Blaubart ankündigt, dass er sie zur Strafe für ihren Ungehorsam töten werde: »Fasse dich nur, damit wenigstens die Rettung noch möglich ist, damit nur dein *Verstand* nicht leidet.«

Doch die Rettung – und das ist die Pointe des Tieck'schen Blaubart-Dramas, mit dem sich der Autor als Anhänger der romantischen Vernunft-Skepsis erweist – die Rettung erfolgt nicht etwa, weil alle sich vernünftig verhielten: Sie erfolgt, weil Annes und Agnes' Bruder Simon in der Nacht zuvor träumte, dass seine Schwester sich in höchster Not befinde. Nur mühsam gelingt es Simon, der durch das ganze Stück als melancholischer, mit den Grenzen der menschlichen Vernunft hadernder Charakter geistert, seinen rationalen Vater und Bruder davon zu überzeugen, dass sie seiner dunklen Ahnung Glauben schenken und tatsächlich zum Schloss des Blaubart reiten sollen. Und als habe es ihm selbst den größten Schrecken eingejagt, dass er mit seiner traumhaften »verrückten« Ahnung recht behalten hatte, weiß Simon seiner Schwester nach erfolgter Rettung nichts Besseres zu sagen als: »Tröste dich nur und fass deine *Vernunft* wieder zusammen.«

Rhetorisch-ironisch wird die Vernunft wieder in ihr Recht gesetzt – aber dem Zuschauer bleibt klar, dass in diesem Drama die Rettung nur erfolgen konnte, weil einer sich nicht auf die Vernunft verlassen hat, sondern auf ihr Gegenteil, die Ahnung, den Traum, vertraute. Bei aller Anbetung von Vernunft und Verstand, wie sie die »positiven« Figuren in diesem Stück an den Tag legen, schwingt die Warnung des Autors mit: »Setzt nicht auf den Rationalismus allein, sonst seid ihr verloren.«

Ebenso denkt Tieck – deutlich konsequenter als Perrault – weiter, wohin nicht nur die schrankenlos gewordene Vernunft, sondern auch die schrankenlose Neugier die Menschheit treibt. Nachdem er den »Verrat« seiner Gattin entdeckt hat, tobt der Blaubart Peter Berner: »Heuchlerische Schlange! [...] Verfluchte Neugier! Durch dich kam die erste Sünde in die unschuldige Welt, und immer noch lenkst du den Menschen zum Verbrechen. Seit Eva neugierig war, sind es alle ihre nichtswürdigen Töchter. [...] Man sollte euer ganzes Geschlecht von der Erde vertilgen. Das Weib, das neugierig ist, kann ihrem Mann nicht treu sein, der Mann, der ein neugieriges Weib hat, ist in keiner Stunde seines Lebens sicher. Neugier ist die Sünde, die jede andre nach sich zieht, denn der Verbrecher sieht kein Ende, keinen Augenblick, wo er mit seinen Erfahrungen stillestehn könnte. Die Neugier hat die entsetzlichsten Mordtaten hervorgebracht, sie war der Sturz der bösen Engel, sie verwandelt die beste Natur in eine schändliche.«

Dieser Ausbruch Blaubarts ist in mehrfacher Hinsicht

aufschlussreich: Zwar beginnt er mit der altbekannten Schmähung der weiblichen Neugier, der Geschichte von der Erbsünde, die durch Eva in die Welt gekommen sein soll – jedoch endet er bei nichts anderem als bei Blaubarts Rechtfertigung, die eigenen Verbrechen aufgrund von *Neugier* zu begehen. Denn es fällt schwer, die letzten beiden Sätze nicht auf Blaubart selbst zu beziehen – er ist der »Verbrecher, der kein Ende sieht«, »keinen Augenblick, wo er mit seinen Erfahrungen stillestehn könnte«, der »die entsetzlichsten Mordtaten« begangen hat.

Anders als bei Perrault erfahren wir bei Tieck zum ersten Mal mehr darüber, wer dieser Blaubart ist, wie er sich selbst sieht, was ihn an- und umtreibt. Er begreift sich als gefallener Engel, mit dem Virus der Neugier infiziert, der von ebendieser Neugier dazu getrieben wird, Grenze um Grenze niederzureißen, bis er auch vor den physischen Grenzen anderer Menschen, den Grenzen von Frauenkörpern, keinen Halt mehr macht. Selbst wenn Tieck seinen Blaubart als »Raubritter« auftreten lässt, ist dieser weniger ein Relikt aus dunklen, voraufgeklärten Zeiten, weniger ein Gilles de Rais, der über Leib und Leben der ihm Unterworfenen nach Willkürlaune verfügen konnte – er ist vielmehr der Albtraum einer Amok laufenden Aufklärung, er öffnet den Blick in die Abgründe, in die die Neugier hinabführt, wenn sie Schicht für Schicht alles infrage stellt, keine Grenze, kein Verbot, kein »Du sollst nicht!« mehr als unhintergehbar akzeptiert, sondern immer noch weiter will, selbst wenn sie längst auf dem Grunde der Barbarei angekommen ist.

Und ein zweites Motiv, das für spätere Blaubart-Bearbeitungen zentral werden sollte, taucht hier zum ersten Mal explizit auf: das Verbrechen, zu dem die weibliche Neugier – aus Sicht des Mannes – zwangsläufig führen muss, ist die Untreue. Der kurze Bogen, den Tiecks Blaubart vom »Verbrechen« der weiblichen Untreue zu seinen eigenen »entsetzlichsten Mordtaten« schlägt, ist dabei mehr als eine machistische Unverschämtheit. In ihm klingt das romantische Motiv an, dass der durch Ungehorsam gegen Gott, durch Trotz und Neugier gefallene Engel, der verfluchte Mann, nur durch eine Frau erlöst werden kann, die dem korrespondierenden weiblichen »Verbrechen« der Untreue widersteht.

Gefallener Engel sucht rettenden Engel

Der unbestrittene Meister des »Erlösungsmotivs« ist Richard Wagner. Zwar hat er nie eine Blaubart-Oper geschrieben. Dennoch lohnt sich ein kurzer Ausflug, der nicht weit vom Blaubart wegführen wird, denn wer ist der *Fliegende Holländer*, wenn nicht ein enger Verwandter des Blaubärtigen?

Zwar hat er kein Schloss, auf dem er seine Ehefrauen ermordet und in einer Kammer gesammelt hätte, dafür verrät er uns am Ende der Oper selbst, dass durch ihn bereits »zahllose Opfer«, sprich: Frauen, die ihn geheiratet haben, der »ew'gen Verdammnis« anheimgefallen seien. Wie Blaubart hat auch er unschätzbare Reichtümer angehäuft. Sein

Verbrechen, das ihn zu einem Verfluchten der Weltmeere machte, bestand in seinem »tollen Mut«, bei »bösem Wind und Sturmes Wut« ein Kap umsegeln zu wollen. Dem unpassierbaren Meer schleuderte er ein »In Ewigkeit lass ich nicht ab!« entgegen und bewies damit, dass auch er einer ist, der keine Grenze, keine Autorität, seien es die Naturgewalten, sei es Gott, akzeptiert. Die Einzige, die ihn von dem Fluch erlösen könnte, wäre eine Frau, die ihm treu wäre bis in den Tod. Unzählige Male ist der Holländer von seinem Geisterschiff schon an Land gegangen, hat geheiratet, und jedes Mal haben die Frauen ihm die Treue gebrochen – wofür sie ihrerseits mit »ew'ger Verdammnis« bestraft wurden.

Die Heldin der Oper, Senta, kennt die Sage vom *Fliegenden Holländer* seit ihrer Kindheit. Spätestens seit ihrer frühen Jugend träumt sie davon, diejenige zu sein, die den Verfluchten endlich erlösen darf. Die Frage, warum ein junges Mädchen von der Liebe nicht anders zu träumen weiß, als dass diese ihr mit großer Wahrscheinlichkeit den Tod bringen wird, sei fürs Erste offengelassen. Doch wie es die theatralische Fügung so will: Eines Tages steht der Holländer tatsächlich vor Senta. Ohne zu zögern schwört sie ihm »ew'ge Treue« und geht am Schluss, als er wütend in See stechen will, nachdem er erfahren hat, dass sie bereits mit Erik, dem Jäger, verlobt ist, tatsächlich ins Wasser, um für ihn zu sterben.

In Wagners Oper wird der Mann zum Verbrecher, indem er sich in einem Akt der Selbstüberhebung gegen die göttliche Autorität auflehnt, die natürlichen Grenzen überschreitet. Aus diesem Zustand kann ihn nur eine Frau retten, die in völliger Selbstlosigkeit und Unterwürfigkeit bereit ist, sich für den Mann zu opfern. Die Wagner'sche Erlösungsutopie lässt sich unmittelbar an das anschließen, was das Perrault'schen Blaubart-Märchen über schlechtes Gewissen, Ängste und Selbstzweifel des entstehenden Bürgertums verraten hatte: Der Mann, der sich von Gott abwendet, wird zum radikalen Grenzüberschreiter. Unterschwellig ahnt er, dass seine Grenzüberschreitung den Charakter eines Verbrechens hat und eines Tages böse bestraft wird. Deshalb kommt der Frau die Rolle zu, Grenzen einzuhalten, keine Selbstüberhebung zu praktizieren, sondern mit ihrer Selbstlosigkeit die Verbindung zum alten Weltbild aufrechtzuerhalten: Sie soll akzeptieren, dass es Mächte gibt, die größer sind als sie selbst – und wenn es »nur« ein verfluchter Seemann ist –, sie soll sich diesen Mächten unhinterfragt unterwerfen. Der Mann fordert durch sein Handeln Gott heraus, beleidigt ihn – die Frau soll Gott wieder versöhnen. In der Welt des *Fliegenden Holländers* wird die Rolle des Erlösers, die im christlichen Kosmos Jesus vorbehalten ist, der Frau aufgebürdet. Eva soll den Schaden, den sie im Paradies angerichtet hat, selbst wiedergutmachen. Wobei das »Gutmachen« nicht innerweltlich zu verstehen ist: Die einzige Erfüllung, die dem *l'homme maudit* und der unglückseligen Frau, die ihn liebt, bleibt, ist der gemeinsame Liebestod.

Im Zeichen der Erlösungshoffnung steht auch *Herzog Blaubarts Burg*, die Oper, zu der Béla Balázs das Libretto schrieb und die Béla Bartók 1910/11 vertonte. Hundert Jahre nach Ludwig Tieck erfährt der Stoff hier abermals eine dramatische Veränderung. Gleich zu Beginn lassen Balázs und Bartók die Frau, die bei ihnen Judith heißt, erzählen, dass sie Herzog Blaubart weder wegen seines Reichtums auf die Burg gefolgt ist – wie es die junge Gattin bei Perrault getan hatte –, noch wird sie wie die Tiecksche Agnes von reiner Abenteuerlust getrieben. Sondern weil sie Blaubart *liebt*. Sie hat ihn gegen den Willen von Vater, Mutter und Bruder geheiratet, hat für ihn sogar – wie Senta im *Fliegenden Holländer* – den Verlobten verlassen. Die düstere Aura des Mannes hat sie nicht abgestoßen, sondern vom ersten Moment an fasziniert. Deshalb erschrickt sie auch nur kurz, als sie erkennt, wie dunkel und fensterlos Blaubarts Burg ist, um sogleich zu verkünden: »Deiner Feste kalte Tränen will ich trocknen mit meinem Haar. Tote Steine mach ich glühen, mit dem weißen Leibe glühen! Darf ich's Liebster? Darf ich's Liebster? Herzog Blaubart! Liebe soll den Fels erwärmen, Wind soll deine Burg durchwehen, Glück zu Gast sein, Sonne scheinen, Glück zu Gast sein, Freude soll die Räume füllen.«

Anders als Senta geht es Judith – zumindest auf den ersten Blick – aber nicht darum, für Blaubart zu sterben, ist es keine Todessehnsucht, die sie zu ihm hingezogen hat, sondern sie glaubt, durch ihre Lebendigkeit, durch ihre Liebe den finsteren Mann im Leben retten zu können. Als erste Maßnahme in diesem Erlösungsprogramm fordert sie Blaubart auf, die verschlossenen Türen zu öffnen. In ihrem

Drang, seine Burg gründlich lüften zu wollen, ähnelt sie jenen Frauen von heute, die zum ersten Mal die Wohnung ihres Liebesobjekts betreten – und feststellen, dass in dieser Junggesellenbude schleunigst sauber gemacht werden muss. Doch die dissonante Musik und Blaubarts unheilvolle Ankündigung, dass sein Haus »ihr niemals helle« werden könne, machen klar, dass hier mehr verborgen liegt als unter dem Sofa vergammelnde Pizzakartons und schmutzige Socken. In der Tat gibt gleich die erste Tür, die Judith öffnet, den Blick auf Blaubarts Folterkammer frei. In der zweiten sind seine Kriegsgeräte gelagert.

Judith besteht diese ersten Proben – zwar sieht sie das Blut, das überall an den Waffen klebt, erkennt, wie »gewaltig grausam« ihr Blaubart ist, schreckt jedoch nicht vor ihrem neuen Gatten zurück. Im Gegenteil. Sie begrüßt das Licht, das nun in die Burg zu fallen beginnt. Und, so darf man vermuten, sie genießt die Macht, die sie über Blaubart zu gewinnen scheint. Blaubart selbst spürt, wie Judiths Vordringen in sein Inneres, zu seinen streng gehüteten Geheimnissen, ihn erschüttert – und bei aller Gewalttätigkeit gleichzeitig befreit. Er singt: »Meiner Feste Grund erzittert, aufsteh'n Türen alter Kerker. Judith! Judith! Kühl und süß ist's, wenn die offnen Wunden bluten.«

War die Übergabe der Schlüssel samt der Ermahnung, alles öffnen zu dürfen außer der verbotenen Kammer, bei Perrault und bei Tieck noch eine vergleichsweise schlichte »Gehorsamsprüfung«, wird sie bei Balázs / Bartók zum eigentlichen Kern des Werks, zu einem wechselvollen Ringen zwischen Judith und Blaubart, bei dem es letztlich weniger darum geht, ob Judith ihrem Blaubart gehorcht, sondern darum, wie viel »Türöffnen« ihrer beider Liebe verkraftet. Warum sonst sollte Blaubart Judith nach den ersten beiden Türöffnungen ermahnen: »Achte *unser*, Judith, achte!« So hätte kein Perrault'scher und kein Tieck'scher Blaubart mit seiner Gattin gesprochen. Und tatsächlich ist der Balázs'-Bartók'sche Blaubart erstaunlich schnell bereit, Judith weitere Schlüssel auszuhändigen, nachdem er gesehen hat, dass die Öffnung der ersten beiden Türen weder sie noch ihn hat zusammenbrechen lassen. Auch er scheint mittlerweile wenigstens die vage Hoffnung zu haben, dass ihre Liebe Bestand haben, ihn von den Dämonen, die er in sich verschlossen hat, befreien könnte.

Tür um Tür erkundet Judith unter den Augen von Blaubart dessen Reich, entdeckt seine fabelhaften Schätze, seinen Zaubergarten und seine unendlichen Ländereien – ist hingerissen von der Pracht und sieht gleichzeitig das Blut, das davon kündet, auf welche Weise diese Reichtümer erwirtschaftet wurden. Ihrer Liebe zu Blaubart tun auch diese Entdeckungen keinen Abbruch – und lauscht man der Musik, scheint Blaubart selbst von dieser neuen Liebe hingerissen, die trotz aller Schrecken, die seine Vergangenheit zu bieten hat, zu ihm steht. Liest man jedoch den Text, ist deutlich, dass Blaubart diesem »Frieden« nicht traut. Leitmotivisch kehren seine Warnungen an Judith wieder: »Alles schaue, frage nimmer! […] Küss mich, Judith, frag nicht! […] Lieb mich, Judith, frag nicht!«

Die übersteigerte Angst, von der Frau »befragt« zu werden, teilt der Balázs'-Bartók'sche Blaubart mit einer weiteren prominenten Figur aus dem Wagner'schen Heldenkosmos: Mit Lohengrin. Bevor der anonyme Schwanenritter bereit ist, Elsa von Brabant aus der höfischen Intrige zu retten, deren Opfer sie geworden ist, und sie zu heiraten, singt er die berühmten Verse:

»Nie sollst du mich befragen,
noch Wissens Sorge tragen,
woher ich kam der Fahrt,
noch wie mein' Nam' und Art!«

Anders als die Judith bei Bartók, die zu keiner Zeit ernsthaft die Absicht äußert, ihren Blaubart in Ruhe zu lassen, verspricht Elsa ihrem Lohengrin, ihn unhinterfragt zu lieben. Und dennoch scheitern beide Frauen auf nahezu identische Weise: Als im *Lohengrin* die gedemütigte Intrigantin Ortrud versucht, Elsa einzuflüstern, sie müsse ihren Frischvermählten ausfragen – sicher habe er ein dunkles Geheimnis – kann Elsa der Versuchung noch irgendwie widerstehen. Doch in ihrer Hochzeitsnacht, als Lohengrin andeutet, dass er keinem »dunklen« Hintergrund entflohen sei, sondern dass es »Glanz und Wonne« seien, die er zurückgelassen habe, wird Elsa von der Sorge übermannt, Lohengrin nicht halten zu können. Sie deutet seine Worte so, dass es dort, wo er herkommt, eine viel strahlendere Frau gibt, als sie selbst es ist – und dass es nur eine Frage der Zeit sein wird, bis Lohengrin zu dieser Frau zurückkehrt.

Und so bricht Elsa ihr Versprechen, indem sie Lohengrin nun doch befragt. Und er offenbart ihr, dass er ein Gralsritter ist. Der sie nun verlassen muss, da seine Identität bekannt ist. Elsas Drang zu fragen, kostet sie ihre Liebe – und in einem liebestodartigen Schluss auch das Leben.

Ganz ähnlich braut sich das finale Unheil in Balázs' und Bartóks *Blaubart* zusammen: Mitten im zentralen Liebesduett der Oper will Judith wissen: »Sag mir, Blaubart, sag mir eines, wen hast du vor mir besessen?« Und als Blaubart ihr mit einem seiner üblichen »Judith, frag nicht!« antwortet, hakt sie nach: »Waren die andern Frauen lieber als ich? Schöner als ich? Sag doch, sag doch, Herzog Blaubart!«

So nötigt sie Blaubart, auch noch die allerletzte Kammer zu öffnen – aus der tatsächlich Blaubarts frühere Frauen gespenstisch schön herausgeschritten kommen. Und die zuvor so entschieden, selbstbewusst handelnde Judith steht plötzlich gebrochen neben diesen Frauen, weil sie zu erkennen glaubt: »Wie sie schön sind, wie sie reich sind, ach, wie arm bin ich dagegen.« Jeden einzelnen Auftritt kommentiert sie mit: »Nie kann ich mich mit ihr vergleichen.«

Blaubart legt ihr schließlich das kostbarste Gewand an, erklärt Judith, dass sie »schönste«, die »allerschönste« seiner Frauen gewesen sei – und sperrt sie zusammen mit ihren Vorgängerinnen in die letzte Kammer zurück. Auch die anderen Türen, die Judith geöffnet hatte, schließen sich wieder, und Blaubart kann nur noch feststellen: »Nacht bleibt es nun ewig, ewig, ewig … ewig …«

Judiths Versuch, Blaubart aus seiner Finsternis zu befreien, und Judith selbst scheitern also nicht an ihrer Neugier, an ihrem Ungehorsam per se. Der Balázs'-Bartók'sche Blaubart ist »modern« genug, um zu erkennen, dass Judiths In-ihn-Dringen durchaus Befreiendes hat. Die fatale Grenze überschreitet Judith erst, indem sie fordert: »Ich will nicht, dass auch nur *eine* deiner Türen mir verschlossen.«

So wie der Mann erst Ruhe gibt, wenn er die Welt zerlegt hat – gibt die Frau erst Ruhe, wenn sie den Mann zerlegt hat. Und so wie des Mannes kriegerisch-forsches Niederreißen aller Grenzen letztlich zur Vernichtung führt, wohnt auch dem weiblichen Wollen, den Mann restlos zu erforschen, zerstörerische Kraft inne.

Oberflächlich betrachtet mag man Judiths und Elsas Drang, in den letzten Winkel der Psyche, der Geschichte ihres Geliebten vordringen zu wollen, als »die berüchtigte weibliche Neugier« abtun. Wagner, Balázs und Bartók haben jedoch erkannt, dass hinter dieser »Neugier« eine machtvolle Angst steht: Der weibliche Minderwertigkeitskomplex, hässlicher, wertloser, unattraktiver zu sein als die anderen Frauen, die im Leben des Geliebten eine Rolle gespielt haben und immer noch spielen mögen. Das Motiv der »weiblichen Treue/Untreue«, das im Tieck'schen *Blaubart* und auch im *Fliegenden Holländer* die zentrale Rolle spielt, erfährt in *Lohengrin* ebenso wie im Balázs'-Bartók'schen *Blaubart* eine fast paradoxe Umdeutung: Hier wird den Frauen nicht *ihre* Untreue zum Verhängnis bzw. die übersteigerte Sorge der Männer, ihre Frauen könnten sie betrügen – hier wird den Frauen zum Verhängnis, dass sie den Gedanken nicht ertragen können, nicht die Einzige zu sein, die der Mann liebt, sprich: Ihnen wird die Untreue des Mannes, ihr eigener überzogener Begriff von der einzigen, der absoluten Liebe, zum Verhängnis.

Frau, einsam, gelangweilt, sucht Mann, gern auch Schwerverbrecher

Weitere hundert Jahre später, in Dea Lohers Theaterstück von 1998 *Blaubart – Hoffnung der Frauen*, scheitern die Protagonistinnen gleich reihenweise an ihrer Sehnsucht nach der übergroßen, der maßlosen Liebe. Lohers Blaubart heißt mit Vornamen Heinrich und ist ein etwas introvertierter Damenschuhverkäufer, der offensichtlich keine großen Erfahrungen mit der Liebe, mit den Frauen, hat. Gleich in der ersten Szene begegnet ihm Julia, eine junge Frau, die an ihrem achtzehnten Geburtstag einsam Eis schleckend auf einer Parkbank sitzt. Heinrich Blaubart und Julia kommen ins Gespräch, und in einer grotesken Beschleunigung treibt Loher das Paar nach nur wenigen Sätzen in den Dialog hinein:

Julia: »Ich liebe dich.«
Heinrich: »Ich liebe dich auch.«
Julia: »Ich liebe dich über die Maßen.«
Heinrich: »Ich liebe dich auch.«
Julia: »Ich liebe dich über die Maßen.«
Heinrich: »Ich liebe dich ja auch.«
Julia: »Über die Maßen.«

Julia steigert sich immer mehr in ihren Liebe-über-die-

Maßen-Rausch hinein, Heinrich will sie zurückhalten, doch sie zieht ein Fläschchen mit Gift hervor und trinkt es. Um ihm zu beweisen, dass sie ihn tatsächlich »über die Maßen« liebt. Heinrich bleibt ratlos zurück.

So beginnt bei Dea Loher die Karriere des großen Frauenmörders. Und Julia bleibt in dem Stück nicht die Einzige, die den an und für sich banalen Heinrich Blaubart in die Rolle des Serienmörders hineinzwängt – weil sie selbst mit ihrer Existenz nichts anzufangen weiß.

Eine Christiane, die Mann und Kinder verlassen hat, bedrängt ihn später im Stück: »Ich möchte nie mehr zur Ruhe kommen, nie mehr, ich möchte mich nie mehr langweilen müssen, ich möchte nie mehr abends fernsehen, ich möchte einen Mann, der ein gesuchter Schwerverbrecher ist und mit ihm quer durch Europa fliehen, ich möchte in Tanger an Land gehen und bei Sonnenuntergang die Ärsche der kleinen Jungen küssen –«

Heinrich: »Reizen Sie mich nicht.«

Christiane: »Ich möchte mich nicht mehr verlieben, ich möchte nicht mehr heiraten, ich möchte den Mann treffen, der mein Herz in schäumender rücksichtsloser Leidenschaft zerreißt, der mein Innerstes nach außen kehrt, der sich nimmt, ohne zu fragen.«

Blaubart tut ihr den Gefallen und schleudert ihren Kopf an die Wand, bis sie tot ist. Der weibliche Versuch, die eigene Leere mit der Hingabe an einen zu füllen, der seinerseits aus Ennui alle Zivilisationsgrenzen überschritten hat, kann nur tödlich enden. Dies führt uns Dea Loher noch radikaler vor als Balázs und Bartók. Dennoch verfolgen beide Bearbeitungen dasselbe unausgesprochene Motiv: Auf dem Grunde seines Herzens sucht Blaubart eine Frau, die genug Stärke, genug Selbst besitzt, sich seinem Unterwerfungswillen entgegenzustellen. Nicht ihr Ungehorsam besiegelt das Schicksal der Frauen, sondern ihre Schwäche. In dem Moment, in dem sie die alte weibliche Unterwürfigkeit, den alten weiblichen Minderwertigkeitskomplex hervorkehren, in dem sie sich selbst zum Opfer machen, macht auch Blaubart sie zu seinem Opfer.

Beherzte Vagabundin sucht männliches Pendant

Ziemlich exakt hundert Jahre bevor Dea Loher den Blaubart als Frauenfantasie Amok laufen lässt, hat Maurice Maeterlinck den Gedanken durchgespielt, was mit Blaubart geschieht, wenn er einmal tatsächlich an eine Frau gerät, die ihm zwar nicht ihre Liebe, aber jeglichen Gehorsam, jegliche Unterwürfigkeit konsequent bis zum Schluss verweigert. Im Original heißt sein Singspiel *Ariane et Barbe-Bleue*, ein völlig angemessener Titel, denn im Zentrum der Handlung steht deutlich Ariane, während Blaubart lediglich als passive Nebenfigur erscheint. Am Rande sei erwähnt, dass dem deutschen Übersetzer diese Umgewichtung der Figuren offensichtlich nicht ganz geheuer war, weshalb das Drama im Deutschen den Titel *Blaubart und Ariane* trägt.

Ariane ist eine furchtlose, im besten Sinne emanzipierte

Frau. Auch wenn uns ihre Vorgeschichte im Drama nicht wirklich erzählt wird, ist zu ahnen, dass sie sich bereits mit zahlreichen schlaffen Männern gelangweilt hat – und nun hofft, in dem berüchtigten, Frauen verschleißenden Blaubart ein ebenbürtiges Gegenüber zu finden. Kaum auf dem Schloss angekommen, macht sich die Grenzüberschreiterin auf die Suche nach der verbotenen Tür, von der sie so viel gehört hat. Ihre Amme, mit der zusammen sie reist, versucht sie, daran zu hindern, aber Ariane erklärt ihr: »Ich muss zunächst ungehorsam sein; das ist die erste Pflicht, sobald er befiehlt und droht, statt zu erklären … Ich will die verbotene Tür öffnen … Alles, was erlaubt ist, wird uns nichts lehren.«

Blaubart kommt in jenem Moment hinzu, in dem Ariane die verbotene Tür geöffnet hat. Sein Kommentar: »Auch du …«

Ariane: »Ich vor allen.«

Blaubart: »Ich hielt dich für stärker und klüger als deine Schwestern …«

Ariane: »Wie lange haben sie das Verbot befolgt?«

Blaubart: »Die eine wenige Tage, die andere ein paar Monate, die letzte ein Jahr …«

Ariane: »Die hättet Ihr allein bestrafen müssen.«

Blaubart: »Es war wenig genug, was ich verlangte …«

Ariane: »Ihr verlangtet mehr von ihnen, als Ihr gabet.«

Ariane ist die erste Frau – sowohl in diesem Werk, als auch in allen anderen Bearbeitungen des Stoffes –, die es wagt, Blaubart daran zu erinnern, dass eine Beziehung sich auf Augenhöhe bewegen sollte. Sie verweigert ihm die Unterwürfigkeit, und nicht nur das: Gleich zweimal im Drama wird sie zu seiner Retterin, indem sie sich dem tobenden Mob, der Blaubart lynchen will, entgegenstellt und erklärt, sie habe die Situation im Griff. Nach der ersten Rettung Blaubarts durch Ariane lautet die Maeterlinck'sche Regieanweisung: »Ariane drängt die Bauern sanft zurück [...] während Blaubart mit gesenkten Blicken dasteht und die Spitze seines Schwertes betrachtet.« Selten dürfte man auf dem Theater einen kastrierteren Blaubart gesehen haben.

Um diejenige zu »bestrafen«, über die er so wenig Macht hat, sperrt Blaubart auch Ariane in das Verließ hinter der verbotenen Tür, in das er seine früheren Frauen gesperrt hat und in welchem diese eine Schattenexistenz führen. Doch Ariane empfindet weder Furcht, noch fühlt sie sich durch die Vorgängerinnen herabgesetzt, im Gegenteil: Sie preist die Schönheit der anderen Frauen und macht sich zur Anführerin ihres Befreiungsversuchs.

So zugewandt sie den »Schwestern« ist, kann sie allerdings eins nicht verstehen. »Was ist denn das?«, fragt sie, »lebt ihr immer so in Furcht und Schrecken?«

Und kurz darauf stellt sie fest: »Meine armen, armen Schwestern! Warum wollt ihr denn befreit sein, wenn ihr die Finsternis [sprich: Gefangenschaft] so liebt?«

Tatsächlich gelingt es Ariane, sich und die anderen aus dem Verließ zu befreien – allerdings scheitern sie bei dem Versuch, auch Blaubarts Burg zu verlassen. Blaubart selbst ist verschwunden. Arianes luzider Verdacht: »Er ist fortgegangen, vielleicht zum ersten Mal erschüttert …« Doch ahnt sie, dass er zurückkommen wird, und hilft deshalb den anderen Frauen, sich herauszuputzen – nicht etwa, indem sie ihnen noch reichere Kleider anlegt, sondern indem sie die Frauen ermahnt, ihre natürliche Schönheit nicht künstlich zu verstellen.

Ein interessantes Detail in diesem Zusammenhang: Balázs und Bartók war das Maeterlinck'sche Blaubart-Drama bekannt, das heißt, dass sie in ihrer Bearbeitung dieses Motiv absichtsvoll umgedreht haben, wenn ihr Blaubart seine Judith am Schluss unter kostbaren Kleidern begräbt und sie für immer in die Kammer schickt.

Bei Maeterlinck geht Arianes Rechnung auf, dass Blaubart zurückkehren und der Schönheit der Frauen nicht wird widerstehen können. Allerdings gelingt es den Bauern, Blaubart anzugreifen, bevor dieser sich in seinem Schloss in Sicherheit bringen kann. Zum zweiten Mal ist es Ariane, die ihn aus der Not rettet: Wie ein Beutetier legen die Bauern ihr den verwundeten, gefesselten Blaubart vor die Füße. Die anderen – verängstigten – Frauen warnen Ariane, Blaubart zu befreien, doch diese weiß, dass von Blaubart nichts mehr zu befürchten ist: Freiwillig hat er sich den blauen Bart abrasiert. Und so schneidet Ariane die Stricke durch und gibt dem Gezähmten einen letzten Kuss. Als die anderen Frauen sehen, dass Blaubart tatsächlich der Stachel gezogen zu sein scheint, trauen sie sich an ihn heran. Und beginnen sogleich, ihn krankenschwesterlich zu umsorgen. Ariane fragt die »Schwestern« eine nach der anderen, ob sie das Schloss nicht gemeinsam mit ihr verlassen wollen. Und eine nach der anderen gesteht verdruckst, dass sie doch lieber bei Blaubart bleiben würde. Also zieht Ariane – mit ihrer Amme – allein davon.

Bei Maeterlinck erleben wir die einzige Frau, die aus eigener Kraft die Begegnung mit Blaubart überlebt. Allerdings scheitert auch sie mit ihrer Hoffnung, in diesem Blaubart einen ebenbürtigen Gegner zu finden. Im Angesicht ihrer Stärke erweist sich Blaubart als Schwächling. Der Schluss, dass er mit sieben gluckenden Frauen zurückbleiben muss, während die Einzige, die ihm je Paroli bieten konnte, sich enttäuscht von ihm abwendet – dieser Schluss ist bitterer als alle Bestrafungen, die Blaubart in seinen sonstigen Inkarnationen erfahren musste. Der düster umflorte *homme maudit* hat seine Magie verloren.

Nicht nur Arianes Reise in Blaubarts Reich, auch die kleine Kulturgeschichte des Geschlechterscheiterns kommt zu ihrem Ende. Die Burg wird nicht zu Staub zerfallen, nur weil eine gezeigt hat, dass gegen den schrecklichen Mann doch ein Kraut gewachsen ist: Die unerschrockene Frau.

Denn noch immer meinen Zeitgenossen und Zeitgenossinnen, die durch männlichen Übermut ins Wanken gebrachte Welt sei durch weibliche Demut wieder ins Lot zu bringen. Noch immer glauben Frauen, die zu schwach sind, sich selbst zu tragen, sie könnten den Mann aus seinem Abgrund hinaufziehen. Noch immer gelingt es den Geschlechtern nicht, einander zu erschüttern, ohne sich in

Schutt und Asche zu legen. Noch immer bürden wir der Liebe alle Hoffnungen auf, die der Glaube nicht mehr zu erfüllen vermag.

So wird auch Ariane weiterziehen. Und wenn sie nicht gestorben ist, klopft sie noch immer an Burgtor nach Burgtor nach Burgtor …

Seichtgebiete

Thea Dorn hat genug vom Bullshit auf der Agora.

Was ist der Unterschied zwischen Josef Fritzl und Charlotte Roche?

Im Fall Fritzl schlummerte hinter der Fassade der Biederkeit der Tabubruch.

Im Fall Roche schlummert hinter der Fassade des Tabubruchs die Biederkeit.

Der Unterschied ist interessant, weil er verrät, welchen Charakter der tatsächliche und der vermeintliche Tabubruch in einer offenen Gesellschaft jeweils hat. Und weil er zeigt, auf welch kümmerlichem Niveau der in provokativer Absicht inszenierte Tabubruch unserer Tage angekommen ist.

Die Tabuzone ist der archaische Kern einer jeden Gesellschaft. Wer sie betritt, wird von der Gemeinschaft gnadenlos verstoßen. Der überführte Tabubrecher rekelt sich nicht mehr auf Talkshowsofas. Er muss sogar im Knast befürchten, gelyncht zu werden.

Für die vormodernen, religiös dominierten Gemeinschaften bestand die Welt zum überwiegenden Teil aus Tabuzonen. Aufrechte, intelligente Tabubrecher von Sokrates über Galilei bis Nietzsche haben ihren Kopf dafür hingehalten,

Tabus infrage zu stellen. Dieser Prozess nannte sich Aufklärung und führte dazu, dass in offenen Gesellschaften die Tabuzonen so abgeschmolzen sind wie die Alpengletscher. Geblieben ist ein Restbestand an archaischen Tabus wie Inzest, Sterben, Tod – und seit 1945: Der Holocaust. Jeder Provokateur, der diese Themen herausfordert, begibt sich auf dünnstes Eis. Das meiste, was heute unter dem Label »Tabubruch« verkauft wird, beschränkt sich jedoch aufs *Epater les bourgeoises*, jenes Spiel mit den Tabus zweiter Klasse, die die bürgerliche Gesellschaft zu ihrem Selbstschutz errichtet hat. Mit reger Plastikaxt zerlegt der »linke« Bürgerschreck die letzten Sessel, die vom konservativen Mobiliar geblieben sind, während der »rechte« sich über die neuen Gartenzäune hermacht, die von der politischen Korrektheit gezogen wurden. Doch so wie der archaische Tabubrecher damit rechnen muss, von der gesamten Gemeinschaft verstoßen zu werden, sollte der Bürgerschreck es wenigstens aushalten, wenn ihm die bürgerliche Mitte ihre Gunst entzieht. An dieser Fähigkeit scheint es in jüngster Zeit zu mangeln.

In einem *Stern*-Interview fordert Charlotte Roche zum x-ten Mal den befreiten »tierischen« Sex, und dass es einem egal sein soll, ob man Haare an den Beinen hat. Auf die Nachfrage der Interviewerin, dass ihre eigenen Beine verdächtig epiliert aussähen, gibt die heilige Johanna der Feuchtgebiete zu: »Nee, stimmt, ich bin da gar nicht behaart. Ich habe doch selbst auch mit diesem Druck zu kämpfen. Als Viva-Moderatorin hatte ich unrasierte Achseln und habe gelitten wie ein Hund, weil Kollegen und Zuschauer mich fertiggemacht haben.«

Ach Gottchen. Ist Janis Joplin etwa dazu übergegangen, sich nur noch Vitamine zu spritzen, weil »Kollegen und Zuschauer« sie als Drogenschlampe »fertiggemacht« haben? Mit solchen Verlautbarungen biedert sich die Löwin als Bettvorlegerin für exakt jene Schlafzimmer an, die sie angeblich aufmischen will. Vom Pathos der Einsamkeit, das dem Bürgerschreck einst seine Aura verlieh, ist die Larmoyanz des Scheidungskinds geblieben, das keine Zurückweisung mehr ertragen kann.

Auch »Lady Bitch Ray« galt eine kurze Saison als Tabubrecherin, weil sie im Fernsehen fünfzehnmal ohne zu stottern das Wort »Fotze« ausgesprochen hatte. In einem ihrer Songs heißt es: »Deutschland, ich ficke dich in den Arsch«. Der besorgten deutschen Medienvertreterin säuselte die Skandalnudel ins Mikrofon: »Ich liebe Deutschland, denn erst hier konnte ich zu dem werden, was ich heute bin.«

Dass auf dem Boulevard keiner meint, was er sagt, und jeder alles kräht, solange es ihm Aufmerksamkeit sichert, ist nicht neu und braucht nicht zu irritieren. Kritisch wird es, wenn der Bullshit beginnt, die Agora zu überschwemmen – jenen Ort, der dem Streit um ernst gemeinte Inhalte vorbehalten sein sollte. Es ist unwürdig, wenn sich das Feuilleton von Figuren, die noch nicht einmal bereit sind, für ihre nichtigen Provokatiönchen geradezustehen, wochenlang die Themen diktieren lässt. Und es ist gefährlich, wenn die boulevardeske Haltung: »Alles egal, Hauptsache großes

Geläut«, auch das Denken und Handeln jener bestimmt, die sich durch intellektuelle Redlichkeit auszeichnen müssten.

»Jede Wahrheit braucht einen Mutigen, der sie ausspricht.« Mit diesem Satz warb die *Bild*-Zeitung im vergangenen Jahr. Gandhi und Einstein konnten sich nicht mehr dagegen wehren, dass ihre Gesichter für diese Kampagne herhalten mussten. Alice Schwarzer hätte sich wehren können.

Die diesjährige Börnepreisträgerin ist eine der wenigen Frauen, die die Geschichte der Bundesrepublik mit geprägt haben. Die von ihr initiierte Kampagne »Ich habe abgetrieben« stellte 1971 einen echten Tabubruch dar, für den Alice Schwarzer harsche Anfeindungen und gesellschaftliche Isolation in Kauf nahm. Menschlich ist es also zu verstehen, dass der einstige Paria sein Glück nicht fassen kann, wenn ihm der Mainstream dreißig Jahre später nicht mehr kalt ins Gesicht klatscht, sondern ihn auf sanfter Woge vor sich her trägt. Das Problem ist nur, dass die Integrität der einstigen Aufklärerin dabei mit baden gegangen ist.

Als die *Frankfurter Allgemeine Zeitung* im Jahr 2007 Schwarzers Buch *Die Antwort* vorabdruckte, mochte man ihr spontan gratulieren, es so weit gebracht zu haben. Die Gratulation blieb einem jedoch im Halse stecken, als man den Preis erkannte, den sie stillschweigend dafür bezahlt hatte: Obwohl sich ihr Buch als Generalabrechnung mit den diversen Bestrebungen der letzten Jahre begriff, das Rad der Emanzipation in Richtung »natürliche Geschlechterordnung« zurückzudrehen, wurde darin ein Name, der diesem *Backlash* entscheidende Impulse verliehen hat, nur am Rande und äußerst milde erwähnt: Frank Schirrmacher, Herausgeber der *Frankfurter Allgemeine Zeitung*.

Aber es wäre unfair, allein Alice Schwarzer Unredlichkeit vorzuwerfen. Ebenso muss sich Frank Schirrmacher die Frage gefallen lassen, wieso er in »seiner« Zeitung ein Werk vorabdruckt, dessen Thesen er Seite für Seite als verheerend, ja nachgerade apokalyptisch falsch empfinden muss – wenn er jene Thesen, die er 2006 in seinem Buch *Minimum* vertreten hat, tatsächlich ernst meint. Um eine inhaltliche Konfrontation mit der weltanschaulichen Opponentin kann es ihm jedenfalls nicht gegangen sein – das beweist ein langes Gespräch, das er im Juli 2006 mit Alice Schwarzer geführt hat und in dem beide aneinander vorbeireden, um sich auf den schmalen Konsens zu einigen, dass der Islamismus eine Bedrohung für den Westen darstellt.

Hat Alice Schwarzer, als sie erfuhr, dass Harald Schmidt ihr den Börnepreis 2008 verleihen will, ein Mann, der keine sexistische Zote auslässt, selbst wenn er dafür wie der Billigsprittanker drei Kilometer Umweg fahren muss – hat sie sich da wenigstens eine Sekunde lang gefragt, ob sie in dieser Posse mitspielen soll?

Und warum hat Harald Schmidt seine Macht als alleiniger Juror dazu genutzt, ausgerechnet Alice Schwarzer zu ehren? Um endlich einmal in der Paulskirche sprechen zu dürfen – wie er im ersten Satz seiner Laudatio erklärt? Aber warum hat er den Preis dann nicht an Oliver Kahn verliehen? Oder an Michaela Schaffrath? Aus Angst, die gehobene Gesellschaft würde eine solche Provokation als Tabubruch empfinden und dem Parvenü ihre heiligen Hallen wieder verschließen? Als Feigling hatte sich »Dirty Harry« ja bereits anlässlich des Karikaturenstreits und der Ermordung Theo van Goghs geoutet, indem er mit aasigem Lächeln versicherte, niemals eine Person oder Gruppe zu provozieren, bei der die Gefahr bestünde, sie könnte ihm die Kehle durchschneiden.

Wir sollten dem Schicksal dreimal täglich danken, dass es uns einen Staat beschert hat, in dem jene Wahrheiten, die das zivile Miteinander garantieren, mehr oder minder vollständig in der Verfassung festgeschrieben sind und von entsprechenden Institutionen geschützt werden, so dass es einstweilen keines Mutes bedarf, sie auszusprechen. Allerdings ist fraglich, wie lange dieser selige Zustand währen kann, wenn wir zulassen, dass unsere Agora zum Ego-Stadl verkommt.

Schämt euch!

Thea Dorn schaltet den Fernseher ein und errötet.

Es gab eine Zeit, da schämte ich mich, wenn ich mich schämte. Vormittags im Gymnasium schämte ich mich, weil ich die Frage nach der französischen Nationalhymne ebenso vorlaut wie -schnell mit »Bouillabaisse« beantwortet hatte. Ins hämische Gelächter der gebildeteren Mitschüler stammelte ich hinein, dass meine Eltern jene Fischsuppe in Marseille gegessen hätten, ich doch immerhin auf der richtigen Fährte gewesen sei. Die Röte ließ sich mit dem flauen Versuch der Selbstrechtfertigung nicht aus dem Gesicht vertreiben. Abends zu Hause schämte ich mich, dass ich meinen Lapsus nicht »cooler« genommen hatte.

Meine Mutter schätzte die Lage anders ein. Sie hielt es für diskussionslos beschämend, dass sich ihre Tochter im Französischunterricht durch einen dermaßen blöden Fehler hervorgetan hatte. Wie gern hätte ich damals »entspannte« Eltern gehabt, die mich »aufgebaut« hätten, indem sie stolz darauf gewesen wären, dass sich ihre Tochter überhaupt im Unterricht meldet, »Bouillabaisse« hin oder her. Wie oft möchte ich heute selbst »Schäm dich!« rufen, wenn in einer der zahllosen Ratesendungen der Kandidat vermutet, dass Ödön von Horváth (»nie gehört«) ein türkischer Schriftsteller sein müsse, und es sich bei dem gesuchten Theaterstück deshalb wohl am ehesten um die »Geschichten aus dem Häagen-Dazs« handeln werde. (»Nö, den Laden kenn ich eigentlich auch nicht – Döner?«)

Scham ist die Kraft, die den Menschen in seinem Selbstdarstellungs- und Selbstentblößungsdrang hemmt. Als Mich-Schämende spüre ich selbst und zeige ich anderen, dass es Normen gibt, deren Anspruch ich mich nicht entziehen kann. Das macht die Scham zur Schwester des schlechten Gewissens, nur dass sie uns noch umfassender regieren will als jenes: Mein Gewissen plagt mich – so ich denn eins ausgebildet habe –, wenn ich moralisch versagt, ein anderes Wesen belogen, betrogen, verletzt habe. Es regt sich, um mir zu sagen: Du bist ein schlechter Mensch. Scham hingegen will mich befallen, ganz gleich an welcher der zahlreichen Fronten ich versage, die bewundernswertes Menschsein ausmachen. Sie schilt mich: Du bist ein dummer, dreister, engstirniger, geschmackloser, hässlicher, feiger, lächerlicher Mensch. Kann das selbstherrliche Individuum der Neuzeit gerade noch akzeptieren, dass es sich und die anderen der Macht des Gewissens unterwerfen sollte, damit nicht Mord und Totschlag herrschen, sträubt es sich gegen die Scham weit heftiger. Niemand soll ihm vorschreiben, was das »Kluge«, »Edle«, »Schickliche« oder »Schöne« sei. Der heutige Mensch will seinen Hund mitten auf dem Gehweg Gassi führen dürfen, seinen Porsche stellt er bevorzugt in fremden Hauseinfahrten ab, im Sommer trägt er seine Wampe textilbefreit durch die Stadt, im Konzertsaal hustet er hingebungsvoll, Zoten erzählt er am Nachbartisch prinzipiell in Überlautstärke. Und wehe, einer schaut ihn schief an. Erlaubt ist, was gefällt. Und zwar nicht den anderen, sondern einem jeden selbst.

Sieht man sich im Trash-TV um oder im Internet mit seinen Voyeurs- und Exhibitionistenplattformen, kurz »Social Networks« genannt, entsteht auf den ersten Blick der Eindruck, der postmoderne Mensch habe die Scham endgültig verloren. Kein Witz ist zu abgeschmackt, kein Schnappschuss zu peinlich, kein »Schicksal« oder Talentchen zu armselig, um nicht als Anlass für den großen Auftritt herhalten zu sollen.

Nun ist die Rampensau beileibe keine Erfindung des Medienzeitalters. Nur kostete es die Rampensau früher weit größere Anstrengungen, aus den Ställen auszubrechen, in welche die Gesellschaft sie sperren wollte, die Ausbruchsversuche wurden zusätzlich gebremst von dem Wissen, dass Schamlosigkeit allein noch keinen Platz im Rampenlicht sichern würde. Irgendein ernsthaftes Können musste sich schon dazugesellen. Die Ahnung davon schwingt in travestierter Form mit, wenn Fernsehsender behaupten, auf der Suche nach dem nächsten »Supermodel« oder »Supertalent« zu sein. In Wahrheit wird lediglich die nächste Superrampensau gesucht, die sich möglichst schamfrei durchs virtuelle Dorf jagen lässt.

Glaubt man der jüdisch-christlichen Überlieferung, befiel den Menschen zum ersten Mal die Scham, nachdem er in den sauren Apfel der Erkenntnis gebissen hatte. Adam und

Eva schämten sich vor Gott, weil ihnen bewusst wurde, dass sie nackt waren. Auch wenn es die Schöpfungsgeschichte nicht ausdrücklich erzählt, darf man annehmen, dass mit der plötzlich und schamvoll empfundenen Nacktheit mehr gemeint war als die körperliche Blöße. Der Mensch, der sich selbst erkennt, erkennt, dass er dem Vergleich mit Gott in keiner Weise standhält. Danach wäre Scham mehr als Verklemmtheit. Sie wäre ein Indiz für die schmerzliche Erkenntnis menschlichen Ungenügens – für realistische Selbsteinschätzung und Klugheit.

Barrikadenstürmer aller Jahrhunderte waren bemüht, den Menschen von seiner Urscham zu befreien – in der Hoffnung, dass die Überwindung der Scham die Rückkehr zu paradiesischen Zuständen bedeuten möge. Am deutlichsten drückt sich diese Sehnsucht in der »sexuellen Befreiung« aus.

»Früher dachte ich, ich bin pervers. Mittlerweile akzeptiere ich meine Fantasien.« So oder ähnlich klingt es, wenn der Mensch die sittlichen Fesseln abstreift, um andere Fesselspiele stolz zu präsentieren. Aber müssen wir uns den »Zeigefreudigen« tatsächlich als freudigen Menschen vorstellen?

Im Auge des Sexratgebers kann es so erscheinen. Im Auge des Internet-Users und Fernsehzuschauers sieht es komplizierter aus: Ihm ist der »Zeigefreudige« Vorbild und Lachnummer in einem. Einerseits träumt er selbst davon, so schambefreit zu agieren wie die Artgenossen auf den diversen Bildschirmen. Andererseits kennt er kaum ein größeres

Vergnügen, als sich über ebenjene lustig zu machen. Der wachsenden Schamlosigkeit der medialen Selbstentblößer entspricht die wachsende Häme des Publikums. Gelästert, abgeurteilt, *beschämt* wird immer noch. Nur wurde das Niveau so weit gesenkt, dass sich einer restlos zum Tölpel machen muss, um ausgebuht zu werden. Noch nie wurde es dem Durchschnittsmenschen leichter gemacht, sich auf seinem heimischen Sofa überlegen zu fühlen.

Ermöglicht und verstärkt wird diese Entwicklung durch die Grenzverwischung zwischen Privatem und Öffentlichem. Nachdem der Mensch den Glauben verloren hatte, Gott würde ihn Tag für Tag vierundzwanzig Stunden beobachten, wurde die Intimsphäre zu dem Bereich, in dem ein jeder sich mit all seinen Schwächen und Unzulänglichkeiten ungestraft austoben durfte. Nur in der Öffentlichkeit versuchte er, das Gesicht zu wahren. Je permissiver sich die Öffentlichkeit jedoch zeigt, desto hemmungsloser wird jede private Peinlichkeit vom medizinischen Bulletin über den Ehekrach bis zur Planung der nächsten Liebesnacht am Mobiltelefon verhandelt. Der Mitreisende überlegt kurz, ob *er* jetzt den mahnenden Gott geben soll – und schiebt sich die Kopfhörer über die Ohren.

Sartre ließ eine seiner Theaterfiguren sagen, die Hölle, das seien die anderen – die anderen, die sich immer schon ein Bild von mir gemacht haben, mich mit ihrem Urteil mir selbst entfremden wollen. Ein gutes halbes Jahrhundert später stellen wir fest, dass es uns dem Himmel nicht näher bringt, wenn wir darauf pfeifen, was der andere über uns denkt. Im Gegenteil schaffen wir uns damit nur eine andere Hölle: Die Verwahrlosung des öffentlichen Raums.

Der Schutz der Privatsphäre gehört zum Kernbestand des westlichen Freiheitsverständnisses. Es wäre an der Zeit, ein ebensolches Gespür dafür zu entwickeln, dass auch die öffentliche Sphäre Schutz braucht. Individuelle Freiheit entsteht nicht, indem die Grenzen zwischen Privat und Öffentlich hemmungslos niedergetrampelt werden, sondern in der Spannung zwischen beidem. Ein gewisses Niveau erreicht nur derjenige, der sich dem mühsamen Geschäft unterwirft, Selbstbild und Fremdbild eines Tages vielleicht doch noch in Einklang zu bringen. Wer die Normen, die unsere abendländische Kultur geprägt haben, nicht vollständig vergessen hat, möge sich bitte weiter schämen. Vor den anderen. Und für die anderen, wenn diese es selbst nicht mehr tun.

Deutschland, keine Denker

Thea Dorn vermisst den öffentlichen Intellektuellen unter sechzig.

Seit Jahren offenbaren uns die Propheten der demografischen Apokalypse, wie Deutschland erst vergreisen, dann verelenden und schließlich untergehen wird, während die Ökokalyptiker ihr Publikum damit unterhalten, dass sie Schleswig-Holstein wahlweise versteppen oder in der Nordsee versinken lassen. Doch während wir bestaunen, wie Alterspyramiden Kopf stehen und computeranimierte Gnuherden durch die Stadt Kiel ziehen, ist eine andere Überalterung, Verödung längst Wirklichkeit geworden: In diesem Land gibt es keinen öffentlichkeitsrelevanten Intellektuellen unter sechzig mehr. Und gäbe es Peter Sloterdijk und Botho Strauß nicht, und würden Elfriede Jelinek und Peter Handke nicht auch irgendwie für Deutsche gehalten, gäbe es sogar keinen unter siebzig.

Diejenigen, die Intellektuelle schon immer für eitles Geschmeiß gehalten haben, mögen diese Entwicklung begrüßen. Denjenigen, der davon überzeugt ist, dass Intellektuelle das Hirn und Rückenmark einer Demokratie sind, muss diese Entwicklung beunruhigen.

Seit 2004 treffe ich alle zwei Wochen in meiner Büchersendung Schriftsteller, Publizisten, Historiker, Soziologen,

Philosophen und andere schreibende Zeitgenossen, um mit ihnen über ihre neuesten Veröffentlichungen zu diskutieren. Und selbstverständlich habe ich in dieser Zeit viele kluge und inspirierende Gespräche auch mit Dichterinnen und Denkern diesseits der siebzig geführt. Doch jedes der Gespräche, das ich mit Martin Walser, Joachim Fest, Hans Magnus Enzensberger, Ralf Dahrendorf, Peter Härtling oder Robert Spaemann geführt habe, hat mich stärker berührt und in einer anderen Weise zum Nachdenken gebracht. Was haben diese Männer, was die Jüngeren nicht haben?

Die schlichte Antwort, die Fritz J. Raddatz, Jahrgang 1931, vor einigen Jahren gegeben hat, als er die gesamte jüngere deutsche Literatur als »Yoghurt-Literatur« abwatschte, die ihr Verfallsdatum bereits auf dem Buchdeckel eingeprägt habe, lautet: Die Nachgeborenen haben in ihrem Leben keinen »existenziellen Riss« erfahren, sie haben keine »brennenden Menschen« gesehen. Die historische Richtigkeit dieser Aussage lässt sich nicht bestreiten. Aber gibt es wirklich ein psychologisches, ästhetisches oder gar Naturgesetz, das besagt: Nur derjenige, dem die Geschichte ihre Bombensplitter um die Ohren gehauen hat, kann relevante Romane oder eindringliche Analysen schreiben? Musste sich Friedrich Nietzsche aus einem verschütteten Keller befreien, um *Die Geburt der Tragödie aus dem Geist der Musik* zu verfassen? Hat Thomas Mann im Schützengraben gelegen, bevor er *Die Buddenbrooks* schrieb? Die drei Monate, die er im Münchner Leibregiment zugebracht hat, dürften ihn mit weniger Existenziellem konfrontiert haben, als es jemand erlebt, der heute Zivildienst im Altersheim leistet.

Deutlich näher zum Kern des Problems dringt der Schriftsteller Hans Christoph Buch, Jahrgang 1944, vor, wenn er von einem Schriftstellertreffen zum Thema »11. September« aus dem Jahre 2002 berichtet, bei dem er versuchte, die Erfahrungen zu vermitteln, die er als Augenzeuge des Bombenattentats auf die US-Botschaft in Nairobi gemacht hatte: »Die neunmalklugen Autoren der jüngeren Generation fanden mein Beharren auf Augenzeugenschaft hoffnungslos naiv – für sie war alles nur eine Frage der Textstruktur.«

Das Defizit der Jüngeren ist nicht, dass die Welt, in der sie aufgewachsen sind und jetzt leben, so harmlos wäre, dass nichts Erschütterndes mehr geschieht. Das Problem ist, dass sie sich von nichts erschüttern *lassen*.

Versucht man, diese distanzierte Coolness freundlich zu interpretieren, könnte man sie als Abgrenzung gegen den dauererregten Ton der Intellektuellen von '68 ff. deuten. Doch wurde dann nicht das Kind mit dem Dutschke ausgekippt? Wäre es nicht produktiver, sich von den einstigen »Sinnproduzenten« abzugrenzen, indem man nach anderen, im intellektuellen Gedächtnis der Bundesrepublik leider verschütteten Traditionslinien sucht, wie man sie etwa bei Friedrich Sieburg und Dolf Sternberger findet – beide Zeugen dafür, dass ein unaufgeregtes Denken kein leidenschaftsloses zu sein braucht –, anstatt den Erregungsregler zwar hinunterzudrehen, aber dennoch »irgendwie links« zu bleiben?

Kurt Sontheimer wünschte sich 1976, »dass die gute Vision von der besseren, ständig zu erneuernden Gesellschaft unter uns nicht völlig kraftlos wird, dass wir sie als Ansporn nehmen für ein Handeln, welches das schlechte Bestehende nicht von außerhalb, von den Höhen der Theorie herab, sondern von innen heraus, das heißt in geduldigem Eingehen auf die Wirklichkeit, überwindet.« Sein Wunsch ist ein frommer geblieben. Den Vorwurf, den Jürgen Habermas bereits 1969 den dogmatisch-hysterisch gewordenen Linksintellektuellen machte, dass sie sich in der Rolle der »zugereisten Harlekins am Hof der Scheinrevolutionäre« gefielen, kann man den jüngeren Intellektuellen zwar nicht mehr machen. Sein zweiter Vorwurf, dass sie sich »gegen Erfahrung immunisiert« hätten, trifft sie jedoch im selben Maße wie ihre Vorgänger. Nur dass die Immunisierung heute keiner maoistisch-trotzkistisch-leninistischen Verblendung entspringt, sondern einer Lyotard-Baudrillard-Derrida'schen.

Die Postmoderne hat in der Geisteshaltung der jüngeren Intellektuellen größere Verwüstungen angerichtet als »Kyrill« im Hochsauerland. Denn wie soll ich auf Ereignisse empathisch reagieren, wenn ich mir von den Dekonstruktivisten habe einflüstern lassen, dass alles nur »Bild«, »Oberfläche«, »Text« sei? Wie soll ich mit Verve eine Position verteidigen, wenn ich mir von den Poststrukturalisten habe weismachen lassen, dass es nicht um Wahrheit gehe, sondern lediglich darum, die »Sprecherposition« einzunehmen? Wie soll ich eine Persönlichkeit entwickeln, wenn mir der Begriff »Bei-sich-Sein« nur ein mattes Lächeln entlockt, weil ich längst weiß, dass hinter jeder Maske nur die nächste Maske schlummert? Man muss nicht zwangsläufig Schelling gelesen haben, um zu begreifen, dass »das Gefühl der Begeisterung im eigentlichen Sinn das wirksame Prinzip jeder erzeugenden und bildenden Kunst und Wissenschaft« ist.

Und ist es nicht gerade das, was uns an »den Alten« beeindruckt: Dass sie ausgeprägte Charaktere sind, leidenschaftliche »Ichs«, während die Vertreter der Generation Golf/Ally/Doof mal selbstgefällig, mal selbstmitleidig, mal selbstanklagend feststellen, dass sie auch mit vierzig immer noch »null Plan« haben, wo es im Leben langgehen könnte? Dass unsere Welt unübersichtlicher geworden ist, sollte sich mittlerweile herumgesprochen haben. Eigentlich war genügend Zeit, neue Pfade der Selbstaufklärung – jenseits von Jakobsweg und Yoga-Studio – zu finden.

Es wäre ein weiteres postmodernes Missverständnis zu glauben, dass es sich bei dieser Selbstaufklärung um eine Frage der Wellness handelt. Selbsterkenntnis ist die Grundlage für Welterkenntnis. Nur wer – wenigstens einigermaßen – weiß, wer er ist, kann eine Vorstellung davon entwickeln, in was für einer Gesellschaft er leben will. Die Gesellschaftskritik, die ein Kind ohne Eigenschaften zu üben imstande ist, erschöpft sich in Tagträumerei oder Nörgelei. Und so können die biografisch Ratlosen im Diskurs allenfalls die Rolle der mal besser, mal schlechter gelaunten, aber letztlich immer unbeteiligten Beobachter einnehmen. Wer selbst nicht so recht glaubt, was er sagt, weil am Schluss ja doch alles relativ ist, wird nie markant Stellung beziehen. »Die Alten« haben im Laufe der Jahrzehnte – teils krasse – Positionswechsel vollzogen. Aber bei ihnen erscheinen diese Wechsel als Ausdruck lebendigen Wandels, nicht als Ausdruck einer Verunsicherung ohne Gravitationspunkt.

Natürlich wäre es ungerecht, in diesem Zusammenhang nicht auch auf die – im Vergleich zur frühen Bundesrepublik – radikal veränderten Bedingungen hinzuweisen, unter denen ein Intellektueller heute seinen öffentlichen Einfluss erringen muss. Der »Strukturwandel der Öffentlichkeit« ist noch rascher und dramatischer erfolgt, als Jürgen Habermas ihn sich 1961 vorstellte. Böll, Bachmann und all die anderen aus der Gruppe 47 hatten keine »User«, sondern Leser. Wobei die für den öffentlichen Intellektuellen eigentlich heikle Dimension des Internets weniger darin liegt, dass neuerdings jeder einen Blog einrichten und somit als Intellektueller von eigenen Gnaden auftreten kann. Stammtische gab es schon immer – das Internet hat lediglich ihren Wirkradius vervielfacht. Deutlich dramatischer wird die Autorität des Intellektuellen untergraben durch die Vermischung der professionellen Sphäre mit der Laiensphäre, wie sie derzeit im Internet rasant fortschreitet. Es will mir nicht einleuchten, warum jede Online-Zeitung, jedes Nachrichtenportal und inzwischen auch die ersten Verlage im Netz ihre »User« dauerauffordern müssen: »Machen Sie mit! Sagen Sie uns Ihre Meinung! Werden Sie Kritiker!« Eine Bäckerei oder Fluggesellschaft sagt ja auch nicht zu ihren Kunden bzw. Passagieren: »Machen Sie mit! Backen Sie Brötchen! Navigieren Sie ein bisschen!«

Der Schriftsteller Michal Kleeberg seufzte vor einigen Jahren in der *Literarischen Welt:* »Was sind wir anderes als Citoyens mit ihrer persönlichen Meinung? Unterscheidet uns irgendetwas von einem gebildeten Arzt, Anwalt oder Unternehmer?«

Diese Haltung mag eine vorbildlich basisdemokratische sein. Gleichzeitig zeugt sie von intellektuellem Defätismus. Zeitgeschehnisse treffend zu analysieren und vor einem größeren Hintergrund zu interpretieren, und dies alles auch noch in sprachlich adäquater Form zu tun, ist keine Feierabendbeschäftigung, sondern eine echte Profession.

Die Gegenfigur zum »User«, für den das Wort des Intellektuellen kein Gewicht mehr hat, ist der Experte. Auf ihn hört der »User« schon eher, denn der Experte hat im Gegensatz zu ihm Kernphysik, Neuropsychologie oder wenigstens Ethnologie studiert und kann deshalb erklären, warum der gigantische Teilchenbeschleuniger in Genf keine schwarzen Löcher produzieren wird, die so groß sind, dass die Schweiz darin verschwinden könnte, warum selbst bei den Meerkatzen der männliche Nachwuchs lieber nach Baggern als nach Puppen greift, und warum sich die muslimisch-arabische Welt mit der Demokratie so schwertut. Keine Frage: Eine ausdifferenzierte, technisch hochgerüstete Gesellschaft wie die unsrige braucht Experten im öffentlichen Raum. Nur sollte sie im Blick behalten, dass Experten nicht alles sind. Der Experte verhält sich zum Intellektuellen wie der Hosenverkäufer zum Couturier.

Der dritte und vermutlich mächtigste Feind des Intellektuellen in Zeiten der Mediendemokratie ist der »Prominente«, der sich – aus welchen Gründen auch immer – plötzlich zum Intellektuellen berufen fühlt und seine Prominenz als Trägerrakete einsetzt, um die breite Öffentlichkeit mit seinen Thesen zu bombardieren. Diesen bildschirmerprobten Simplifizierern von Peter Hahne bis Eva Herman mangelt es nicht an jener Passion im Auftritt, die den Dichtern und Denkern der jüngeren Generation so häufig abgeht. Das Problem mit ihnen ist, dass sie allenfalls imstande sind, den Problemen auf Bauchnabelhöhe zu begegnen.

2006 verlangte Jürgen Habermas in einer Rede über die Rolle des Intellektuellen, dass dieser sich erst eine »Reputation innerhalb seiner eigenen Zunft« erworben haben müsse, »bevor er von seinem Wissen und seiner Reputation einen öffentlichen Gebrauch macht.«

So einleuchtend diese Forderung nach »Reputation vor Prominenz« auf den ersten Blick ist, so realitätsfern ist sie auf den zweiten. Denn wo gibt es heute noch die klassischen Schutzräume, in denen ein junger, Neugier weckender Intellektueller erst einmal in Ruhe reifen könnte, bevor das Fernsehen an seiner Tür klingelt? Gewiss versteht Habermas die Universitäten als solche Trutzburgen, die hoch über dem medial aufgepeitschten Meer thronen und ihre Zöglinge vor dem Gröbsten bewahren. Die Gefahr, als

Schriftsteller, Publizist oder Wissenschaftler zum Medienkasper zu verkommen, ist eine reale. Die Gefahr, zum elfenbeinernen Gelehrten zu werden, der auch nach Jahren des exklusiven Forschens keine wahrnehmbaren Signale nach draußen sendet, ist ebenso real.

»Der Intellektuelle sollte öffentlich nur dann intervenieren, wenn das Tagesgeschehen entgleist«, empfiehlt Habermas. Rainer Forst, Jahrgang 1964, der bei ihm promoviert hat und als Vertreter der jüngsten Generation der »Frankfurter Schule« gewissermaßen ein »Urenkel Adornos« ist, genießt in der philosophischen Welt zweifellos größtes Ansehen. Seit Jahren reflektiert und schreibt er über Gerechtigkeit und Toleranz, und wenn man seine akademischen Werke liest, kommt man zu dem Schluss, dass er die medial geführten Debatten um Integration und Zukunft des Sozialstaats längst im Kiesbett der Deutschen Bahn wähnen muss. Wieso aber ist von ihm öffentlich so gut wie nichts zu hören? Weil er um seine Reputation fürchtet, wenn er sich in die feindliche Medienwelt hinausbegibt? Weil er jegliche Intervention sowieso für aussichtslos hält?

Es zeugt von wohltuender Bescheidenheit und Vernunft, dass der Intellektuelle im frühen 21. Jahrhundert sich nicht mehr anmaßt, das Rad der Geschichte in eine komplett andere Richtung herumreißen zu wollen. Aber den Anspruch aufzugeben, Sand im Getriebe zu sein, gleicht einer vorauseilenden Kapitulation.

Gerade in Zeiten, in denen Debatten immer hysterischer geführt und immer schneller von der nächsten abgelöst werden, braucht es Intellektuelle, die aus echtem inneren Antrieb mit Leidenschaft, Beharrlichkeit und Verantwortungsgefühl intervenieren. Der kritische Geist darf den öffentlichen Raum nicht kampflos den Krachmachern und Schaumschlägern überlassen. Ebenso wie ihn der Trend, Fragen der Willensfreiheit und des sozialen Miteinanders entweder an Hirnforscher oder Theologen zu delegieren, nicht kalt lassen kann. Will der Intellektuelle nicht zum Zaungast werden, muss er riskieren, sich an unserer Medienöffentlichkeit die Hände schmutzig zu machen. Gleichzeitig muss er genügend Weitblick und innere Widerständigkeit ausbilden, um sich nicht verheizen zu lassen. Niemand behauptet, dass dieser Weg ein einfacher ist.

»Normale Zeiten sind schlechte Zeiten für Intellektuelle«, schreibt Ralf Dahrendorf in seinen *Versuchungen der Unfreiheit*. Wer den Bankenkollaps, einen mehr oder weniger bankrotten Sozialstaat und die nicht gelösten Integrationsfragen für Kennzeichen von gesellschaftlicher Normalität hält, mag diesen Satz als Rechtfertigung dafür nehmen, weiter seine einsamen Pirouetten des Geistes zu drehen.

Wer dies nicht tut, soll die Ballettschuhe ausziehen und in den Ring steigen.

Willkommen im Kindergarten!

Europa redet von der Energiesparlampe.
Thea Dorn redet vom Zeitalter der Lichter.

Faulheit und Feigheit sind die Ursachen, warum ein so großer Teil der Menschen, nachdem sie die Natur längst von fremder Leitung freigesprochen, dennoch zeitlebens unmündig bleiben; und warum es anderen so leicht wird, sich zu deren Vormündern aufzuwerfen. Es ist so bequem, unmündig zu sein. Habe ich ein Buch, das für mich Verstand hat, einen Seelsorger, der für mich Gewissen hat, einen Arzt, der für mich die Diät beurteilt u. s. w., so brauche ich mich ja selbst nicht zu bemühen. Ich habe nicht nötig zu denken, wenn ich nur bezahlen kann; andere werden das verdrießliche Geschäft schon für mich übernehmen. Dass der bei weitem größte Teil der Menschen (darunter das ganze schöne Geschlecht) den Schritt zur Mündigkeit, außer dem dass er beschwerlich ist, auch für sehr gefährlich halte: dafür sorgen schon jene Vormünder, die die Oberaufsicht über sie gütigst auf sich genommen haben. Nachdem sie ihr Hausvieh zuerst dumm gemacht haben und sorgfältig verhüteten, dass diese ruhigen Geschöpfe ja keinen Schritt außer dem Gängelwagen, darin sie sie einsperrten, wagen durften: so zeigen sie ihnen nachher die Gefahr, die ihnen drohet, wenn sie es versuchen, allein zu gehen. Nun ist diese Gefahr zwar eben so groß nicht, denn sie würden durch einige Mal Fallen wohl endlich gehen lernen; allein ein

Beispiel von der Art macht doch schüchtern und schreckt gemeiniglich von allen ferneren Versuchen ab.

Leider stammt dieser famose Kommentar zur Neigung des Staates, den Bürger fest an die Hand zu nehmen, und zur Neigung des Bürgers, sich fest an die Hand nehmen zu lassen, nicht von mir. Er stammt von Immanuel Kant und findet sich in jenem Aufsatz von 1784, in dem der Königsberger die Frage »Was ist Aufklärung?« mit der prägnanten Formel beantwortet: *Aufklärung ist der Ausgang des Menschen aus seiner selbstverschuldeten Unmündigkeit.*

Gut zweihundert Jahre später ist die Formel zu lexikalischem Schulwissen erkaltet. Bekam der gebildete Europäer des späten 18. Jahrhunderts leuchtende Augen, wenn er das Wort »Lichter« hörte, da er an Geistesgrößen wie Voltaire, Hume, Herder oder eben Kant dachte – bekommt er im frühen 21. Jahrhundert höchstens einen Schrecken, weil er sich fragt, ob er daheim auch wirklich alle Kronleuchter auf Energiesparleuchten umgerüstet hat. Das erste Gebot der Öko-Orthodoxie, kein Licht unnötig brennen zu lassen, beginnt, auf die Geisteshaltung abzufärben.

Sapere aude!, hieß der Wahlspruch, mit dem sich die Aufklärer dem damaligen Obrigkeitsstaat und Obrigkeitsdenken entgegenstemmten. Das Fußbodenmosaik an der Schwelle zum 21. Jahrhundert warnt: *Sapere cave*! Hüte dich, dich deines eigenen Verstandes zu bedienen …

Die neuen Vormünder, die schäferhundstolz verkünden: »Hier wache ich!«, sitzen nicht länger in Rom und Potsdam, sondern in Brüssel und Berlin. Ihr fürsorgliches Regiment kommt ganz ohne Hinweis auf Gott oder König aus. *Rauchen ist tödlich*, so lassen sie die Zigarettenschachtel zu uns sprechen. *Fünfmal täglich Obst und Gemüse*, predigt es von der Plakatwand herab. *Deutschland bewegt sich.*

In der Tat: Deutschland bewegt sich. Und zwar in Richtung Kindergarten. Noch sind wir nicht so weit, dass wir uns von Mutti Staat das Pausenbrot schmieren lassen. Noch darf der dicke Tom weiter Butterstulle mampfen und die dürre Tanja an ihrem Apfelbutzen nagen. Noch darf Jutta jeden Abend zwei Flaschen Rotwein trinken und Jörn an seinem Joint ziehen. Doch der selbstverschuldete Wiedereintritt des Menschen in die Unmündigkeit hat begonnen.

Die Kraft, die die Schäfchen den Hirten in die Arme treibt, heißt – wie schon zu Kants Zeiten – Angst. Heute ist sie jedoch kein Privileg des »schönen Geschlechts« mehr, möchte man ergänzen. Und sie kommt noch jämmerlicher daher als in einem Jahrhundert, in dem das kirchlich verheißene Jenseits immerhin noch so viel Strahlkraft besaß, dass es den schlichten Mann der menschlichen Zentralangst, dem Faktum seiner Vergänglichkeit, halbwegs gefasst ins Auge sehen ließ. In unserer technologisch säkularisierten Welt hingegen erscheint der Gedanke an die eigene Hinfällig- und Sterblichkeit als Skandal, den es mit allen Mitteln zu bekämpfen gilt. Es ist kein Zufall, dass die aktuellen Gängelungen durchweg im Namen der »Gesundheit« erlassen – und ertragen – werden. Jedes Mal, wenn ich die nicht rauchenden, abstinenten, sich makrobiotisch ernährenden und Sport treibenden Zeitgenossen betrachte, die das Ideal dieser nachchristlichen Unsterblichkeitsakrobatik verkörpern, muss ich an den Satz denken, den Friedrich der Große seinen fliehenden Soldaten in der Schlacht von Kolin nachgerufen haben soll: »Kerls! Wollt ihr denn ewig leben?«

Das Argument, sich mit den Maßnahmen zur Verbesserung der Volksgesundheit ja gar nicht in das Privatleben des Einzelnen einzumischen, sondern lediglich Sorge zu tragen, dass dieser die Gemeinschaft nicht durch »unnötige Krankheiten« belaste, ist ein Scheinargument. Denn kaum etwas verursacht den Krankenkassen mehr Kosten als die steigende Lebenserwartung. Da können sich die idealgewichtigen Asketen noch so abmühen: Auch sie werden aller Wahrscheinlichkeit nach nicht mit 89 einfach umfallen – sondern die Jahre zuvor mit unzähligen Arztbesuchen und Krankenhausaufenthalten verbracht haben.

Das Einzige, worin der neue Paternalismus seine Schützlinge bestärkt, ist in ihrem Windmühlenkampf gegen die Endlichkeit. Ihre Befähigung, sich als selbstständig denkende, eigenverantwortlich handelnde Personen, kurz: als politische Subjekte, zu verstehen, schwächt er. Bevormundende Fürsorglichkeit ist die Haltung, mit der ich denjenigen begegne, die ich für nicht zurechnungsfähig halte. Menschliche Wesen, die unter einem »Mangel an Verstand« leiden, wie Kant gesagt hätte. Oder Wesen, die *noch* nicht imstande sind, sich ihres Verstandes zu bedienen: Kinder. Indem sich die europäischen Regierungen gegenüber den Bürgern immer paternalistischer verhalten, verstärken sie also die Infantilisierungstendenzen, die in diesen Gesellschaften seit dem Aufkommen der Spaßkultur ohnehin zu beobachten sind. Beflissen reichen die Bevormunder aus Brüssel und Berlin den 30-jährigen Frauen, die sich als »neue deutsche Mädchen« verstehen und 40-jährigen Männern, die darüber grübeln, warum sie nicht erwachsen werden, die Hand zum Teufelskreis.

»Wenn die Gesellschaft eine beträchtliche Anzahl ihrer Mitglieder zu bloßen Kindern aufwachsen lässt, unfähig, sich durch vernünftige Betrachtungen etwas abseits liegender Motive bestimmen zu lassen, dann hat sie sich selbst für die Folgen zu tadeln«, schrieb John Stuart Mill im 19. Jahrhundert, das sich bei aller romantischen Schwärmerei durch entschiedene Emanzipierungsbestrebungen des Bürgertums auszeichnete. Vom liberalen Stolz, der nicht nur den britischen Vordenker fordern ließ: »Man kann einen Menschen nicht rechtmäßig zwingen, etwas zu tun oder zu lassen, weil dies besser für ihn wäre, weil es ihn glücklicher machen, weil er nach Meinung anderer klug oder sogar richtig handeln würde« – von diesem Stolz ist heute wenig zu spüren.

Lammfromm machen die allermeisten jede Verrenkung mit, die der grassierende Bio- und Ökowahn ihnen abverlangt. Und diejenigen, die widerstehen, tun dies im Modus des gewitzten Teenagers, der sich freut, den strengen Herbergsvater ausgetrickst zu haben: Seit meinen Schultagen habe ich keine vergleichbaren Ansammlungen auf dem Klo rauchender und giggelnder Menschen gesehen wie seit Einführung des Rauchverbots.

Einige wenige Selbstbewusste wie Helmut Schmidt rauchen mit Grandezza auch dort weiter, wo nach Auffassung des Gesetzgebers kein Stengel mehr glimmen soll. So sympathisch dies auf den ersten Blick ist – eine schleichende Unterhöhlung des Legalitätsprinzips stellt auch dieses Verhalten dar. (Wie Helmut Schmidt selbst erkannte, indem er versprach, sich fürderhin an das Gesetz halten zu wollen – eben weil es Gesetz ist.)

Im zitierten Aufsatz weist Kant darauf hin, dass der Bürger als Privatmensch zu gehorchen hat. Als öffentlicher Mensch hat er jedoch nicht nur das Recht, sondern die Pflicht, Gesetze zu kritisieren, die er als widersinnig erkennt. Und – muss man aus heutiger Sicht ergänzen – in einer Demokratie hat er sogar die Chance, dass solch widersinnige Gesetze rückgängig gemacht werden.

Anstatt dass jeder – im offen oder heimlich Illegalen – der Freiheit eine Kippe anzündet, sollten die Bürger der EU lieber politisch dafür kämpfen, dass *Liberté toujours* nicht zum bloßen Werbeslogan verkommt. Die Regierungen umgekehrt sollten sich hüten, bei den Bürgern den berechtigten Eindruck entstehen zu lassen, Gesetze seien die Paragrafen einer schikanösen Hausordnung – und nicht die Minimalregeln, die nötig sind, um ein mehr oder minder friedliches und freiheitliches Miteinander zu garantieren.

Die Tendenz, Europa in einen Kindergarten zu verwandeln, greift ebenfalls die Fähigkeit des Einzelnen an, Situationen richtig einzuschätzen und sich dementsprechend zu verhalten. Wenn jeder Bereich des Lebens von einem Gesetz reguliert wird – wo soll der Einzelne den nötigen Spielraum haben, seine Urteilskraft zur Anwendung zu bringen und so zu schärfen? Was spricht dagegen, den einzelnen Restaurantbesitzer, den einzelnen Gastgeber beurteilen zu lassen, ob – und wenn ja: wann und wo – in seinem Etablissement, auf seinem Galadinner geraucht werden darf? Wäre es nicht ein Gebot des Respekts und der Gastfreundschaft, einen neunzigjährigen Altkanzler mit seiner Zigarette *nicht* vor die Tür zu schicken?

Eltern wissen, dass es klug ist, die lieben Kleinen ihre Differenzen im Sandkasten erst einmal selbst austragen zu lassen. Politiker sollten wissen, dass mit konfliktunfähigen, urteilsschwachen, ungezogenen und verängstigten Kindern kein Staat zu machen ist. Zumindest kein demokratischer.

Im Europa des 20. Jahrhunderts ließen menschenverachtende Regimes die Lichter ausgehen. Es wäre ein finsterer Treppenwitz, wenn im 21. Jahrhundert der Aufklärung abermals der Strom abgedreht würde. Von wohlmeinenden Fürsorgern …

Schneller, höher, weiter!

Thea Dorn hat Verständnis für Doping im Sport. Kein Verständnis hat sie für bigotte Empörung.

In einer gemeinsamen Presseerklärung haben das Museum Ludwig in Köln und die Pinakothek der Moderne in München bekannt gegeben, dass sie die Werke des Malers Jörg Immendorff aus ihren Sammlungen entfernen werden. Man wolle keine Kunst ausstellen, die unter dem Einfluss verbotener Substanzen wie Kokain entstanden sei.

Diese Meldung erscheint Ihnen bizarr? Sie ist erfunden.

Nicht erfunden hingegen ist die Meldung, dass der belgische Radstar Tom Boonen von der diesjährigen Tour de France ausgeladen wurde, weil er bei einer Trainingskontrolle positiv auf Kokain getestet worden war.

Sicher besteht ein Unterschied zwischen einem Maler, der zum weißen Pulver greift, um seinem von einer tödlichen Nervenkrankheit gezeichneten Körper Kreativität zu entlocken, und einem kraftstrotzenden Radrennfahrer, der hin und wieder eine Linie zieht, um letzte Reserven zu mobilisieren. Aber worin besteht der Unterschied genau? Warum fühlt sich der Sportzuschauer »betrogen«, wenn er erfährt, dass sein Idol gedopt hat, wohingegen kein halbwegs ernsthafter Kunstfreund dem Meister die Gunst entziehen würde, nur weil dieser kifft und kokst, um sich auf Touren zu halten? Warum haben sich die meisten Fans »enttäuscht« von Jan Ullrich abgewandt, als bekannt wurde, dass dieser Kunde des spanischen Eigenblutdoktors Eufemiano Fuentes gewesen ist, während Pete Dohertys Fangemeinde mit jeder Entziehungskur, die der Rocker abbricht, wächst?

Eine wesentliche Differenz liegt darin, dass der Künstler schon immer den Ruf des Lasterhaften genoss, wohingegen wir uns unsere Sportler so durch und durch rein wünschen, wie es die glatten Oberflächen der antiken Speer- und Diskuswerfer suggerieren. Dass diese Statuen einst wild bemalt waren, haben wir ebenso aus unserem kulturellen Gedächtnis verbannt wie das Wissen, das Philostratus und Galerius, zwei griechische Schriftsteller, aus dem dritten vorchristlichen Jahrhundert überliefern: Nach den Olympischen Spielen versuchten die Athleten, die Götter mithilfe kleiner Zeusstatuen zu besänftigen, weil sie wieder einmal die Spielregeln übertreten und ihre Körper mit unlauteren Mitteln aufgeputscht hatten. Dem durchschnittlichen Griechen, der gewohnt war, dass sein Obergott selbst in trügerische Gestalten schlüpft, um Nymphen zu verführen, dürfte diese Vorgehensweise nicht weiter anstößig erschienen sein.

Nun ist Berlin nicht Athen, und Deutschland bildet sich traditionell viel darauf ein, zu den weniger korrupten Ländern dieser Welt zu gehören. Zwar ist dieser Glaube durch Manager und Gewerkschaftler in den letzten Jahren erschüttert worden, dennoch sind wir weit davon entfernt, schlicht mit der Achsel zu zucken, wenn wir erfahren, dass sich ein Leistungsträger »unsauberer« Mittel bedient hat.

Doch worin liegt genau der Betrug, den dopende Sportler begehen?

Glaubt man den Beichten geständiger »Dopingsünder«, besteht der erste Betrug im Selbstbetrug. Der ehemalige Radprofi Jörg Jaksche schildert seinen Weg an die Epo-Nadel so: »Ich wollte aufhören, ich fühlte mich unwohl. Die Spritzerei war mir einfach zu asozial. Aber mit der Zeit habe ich mich daran gewöhnt. Irgendwann kamen die ersten kleinen Erfolge, du wirst professioneller und siehst vieles nicht mehr. [...] Die Medizin gehört zu deinem Alltag.« Macht man sich darüber hinaus klar, dass beispielsweise das berüchtigte Eigenblutdoping vorzüglich damit zu rationalisieren ist, dass mit dem eigenen Blut ja letztlich nichts anderes geschehe als bei einem Höhentraining, wird begreiflich, warum so viele Radprofis noch immer beim Leben ihrer Kinder schwören, sie wüssten nicht einmal, wie man »Doping« buchstabiert.

Doch die Bereitschaft zur Selbsttäuschung liegt nicht nur aufseiten des Sportlers: Zwar runzelt der Zuschauer – durch die brutalstmögliche Dopingaufklärung in den Medien misstrauisch geworden – bei Unschuldsbeteuerungen neuerdings die Stirn, doch ist der Radler sympathisch genug und noch nicht wirklich überführt, vermeidet er die unangenehme Frage, wie es sein kann, dass sein »sauberer« Held konstant im vorderen Feld mitfährt – wenn alle anderen doch gedopt sind.

Die Selbsttäuschung reicht noch weiter: So nimmt die Öffentlichkeit ganze Sportarten, allen voran den »König«

Fußball, vom Dopingverdacht aus. Zwar fragte sich der eine oder andere Sportfeuilletonist nach dem Europameisterschaftsspiel Niederlande–Russland 2008, ob es mit rechten Dingen zugegangen sein kann, als die Russen auch in der hundertzwanzigsten Minute noch wie die Strauße über den Platz fegten, während die Niederländer Matrosen beim Landgang nachts um halb eins glichen. Doch die allgemeine Sehnsucht, sich wenigstens den Fußball »rein« zu erhalten, ist offensichtlich so groß, dass selbst klare Hinweise auf flächendeckendes Doping in dieser Sportart einfach ignoriert werden. Je mächtiger der Wunsch, desto größer die Bereitschaft zur Selbsttäuschung.

Das vordergründig schlagendste Argument, warum Doping im Sport »böse« sei, besagt, dass es *den* Grundgedanken des Sports, den eines fairen Wettbewerbs, zerstöre. Dies erklärt auch, warum die Allgemeinheit auf Doping in der Kunst so deutlich weniger empört reagiert: Zwar konkurrieren Maler, Sänger und Schriftsteller ebenso erbittert um Ausstellungen, Platinalben und Bestseller wie Sportler um Medaillen, Podestplätze und Weltrekorde, doch löst sich in der Sphäre der Kunst die klare Bipolarität von Sieg und Niederlage, die den Kern des sportlichen Wettstreits ausmacht, in das diffusere Konzept von Erfolg und Misserfolg auf.

Betrachtet man das Argument der Unfairness genauer, erweist es sich allerdings als stumpfes Schwert: Die Chancengleichheit der um den Sieg wetteifernden Sportler ist ohnehin eine Schimäre: Radfahrer mit größerem Lungenvolumen treten gegen Radfahrer mit kleinerem Lungenvolumen an, Langstreckenläufer aus dem afrikanischen Hochland sind von Kindesbeinen an ihren Flachlandkollegen überlegen, Fußballmannschaften aus reichen Ländern haben mehr Geld für die Betreuung als solche aus ärmeren Ländern. Konsequent zu Ende gedacht, würde die Vision eines komplett chancengleichen Sports darauf hinauslaufen, dass am Schluss alle zeitgleich über die Ziellinie kommen. Das Herz des Radikaldemokraten mag bei einer solchen Vorstellung schneller schlagen – das des Sportfans dürfte weniger glücklich sein.

Endgültig ad absurdum geführt wird der Vorwurf der Unfairness, ist man bereit einzusehen, dass es sich bei dopenden Sportlern nicht um vereinzelte »schwarze Schafe« handelt, sondern um ein systematisches Phänomen. Oder wie Jörg Jaksche sagt: »Es war ja nicht so, dass ich eine Atombombe hatte und die anderen kämpften immer noch mit der Machete.«

Der niederländische Tour-de-France-Dritte von 1983, Peter Winnen, beschreibt die Lage mit einem ähnlichen Bild: »Es ist wie im Kalten Krieg: Die eine Seite rüstet auf, die andere zieht nach, das Gleichgewicht ist wieder hergestellt.«

So wie es im Kalten Krieg vernünftiger gewesen wäre, die Sowjets und die Amerikaner hätten das Wettrüsten gar nicht erst begonnen, wäre es im Radsport sicher vernünftiger, die Profis pumpten ihre Körper nicht mit Substanzen voll, die sie im Extremfall dazu zwingen, nachts Kopfstand zu machen, damit ihr Blut wieder zirkuliert. Doch so wie im Kalten Krieg das »Gleichgewicht des Schreckens« dafür sorgte, dass die Weltlage einigermaßen stabil war, sorgt es im Radsport dafür, dass wir einigermaßen faire Rennen sehen. Wo alle dopen, nivellieren sich die individuellen Dopingvorteile.

Seit der Staat jedoch das Rauchen in öffentlichen Räumen verboten hat und seinen Zöglingen am liebsten vorschreiben würde, was sie sich in die Lunchbox packen sollen, klingen paternalistische Sorgen gut; und in der Tat stellt es ein immenses Unrecht dar, wenn totalitäre Staaten – oder totalitäre Eltern – heranwachsende Sportler zwangsdopen. Doch liegt das Problem hier eher im Zwang und weniger im Doping. Denn das Argument, Sport verwandle sich erst durch die Einnahme illegaler Substanzen in eine gesundheitsschädigende Betätigung, kann nur denjenigen überzeugen, der sich noch nie auf dem Schwebebalken gequält und seinen Kopf hingehalten hat, als ein Fußball mit hundert Stundenkilometern angeflankt kam, oder noch nie versucht hat, den Mont Ventoux auf zwei Reifen zu erklimmen.

Die tieferen Gründe für die Aversion gegen Doping müssen woanders liegen. Trotz der Dauerberichterstattung über Doping im Radsport herrscht immer noch eine karikaturhaft naive Vorstellung davon, wie Doping die Leistungsfähigkeit eines Sportlers beeinflusst. Mithilfe von Doping errungenen Siegen haftet der Ruch des »Billigen« an. Aber glaubt die Couch-Potatoe wirklich, ein einziger Rennfahrer habe jemals die Tour de France gewonnen, nur weil er mit der Dopingspritze im einen Arm und der Chipstüte in der anderen Hand auf der Veranda gesessen hätte, während sich die Kollegen monatelang im Sattel schunden?

Der bekennende Kiffer Walter Benjamin notiert in seiner Schrift *Über Haschisch*: »Man geht die gleichen Wege des Denkens wie vorher. Nur scheinen sie mit Rosen bestreut.« Wie sehr wünscht man sich, ein Jan Ullrich möge endlich den Wahrheitsmut aufbringen und sagen: »Man fährt die gleichen Serpentinen nach Alpe d'Huez wie vorher. Nur scheinen sie mit etwas weniger Dornen gespickt.«

Wie keine zweite Sportart ist der Radsport der Sport des Übermenschen. Nirgends sonst ist Zarathustras Forderung »Der Mensch ist etwas, das überwunden werden muss« so deutlich Leitmotiv. Eine Bergetappe bei der Tour de France gleicht einer »peinlichen Strafe«: Im Mittelalter flocht man die Menschen aufs Rad. Heute genügt es, sie aufs Rad zu setzen. Wer die Schinderei siegreich übersteht, den umgibt die Aura des Erhabenen.

Jeder, der sich für den Radsport zu begeistern weiß, schwärmt von der Verschmelzung von Mensch und Material, die im Idealfall erreicht wird. Wieso also empört sich die Öffentlichkeit, wenn Sportler auch ihre Körper als Material betrachten, an dem sie genauso herumschrauben (lassen) wie an ihren Rennmaschinen?

Die Faszination für sportliche Ausnahmeleistungen hat etwas Paradoxes: Zwar will der Zuschauer den Sportler Übernatürliches vollbringen sehen. Dies aber soll auf natürlichem Wege geschehen. Und somit steht der »Dopingsünder« letztlich als Betrüger an der Schöpfung da. Dies erklärt auch, warum die Empörung so schnell religiös-fanatische Züge annimmt. Und warum sie in der Kunst weitestgehend fehlt: Der Gedanke des »Wunderkindes«, des Naturgenies, spielt allenfalls in der Musik noch eine Rolle. Ansonsten bewundern wir im Ausnahmekünstler ohnehin Zivilisatorisches – der Mensch schlüpft in die Rolle des Schöpfergottes. Deshalb fühlt sich auch kein Leser betrogen, wenn er erfährt, dass Edgar Allan Poe unter Opiumeinfluss geschrieben und Aldous Huxley auf Meskalin geschworen haben soll.

Doch der Mainstream rauscht derzeit zurück in Richtung Natur. Und so ist es kein Wunder, dass eine Gesellschaft, der die Gentomate als größte anzunehmende Bedrohung gilt, am liebsten auch ihren Sportlern das Biosiegel aufkleben würde. Dabei stellten physische Höchstleistungen noch nie einen Triumph der Natur dar, sondern einen des menschlichen Willens. Und das nicht erst seit Leni Riefenstahl.

Der Harvard-Philosoph Michael Sandel warnt in seinem Essay *Plädoyer gegen die Perfektion*, dass wir als Gesamtgesellschaft dabei seien, die Demut, den Respekt vor unseren natürlichen Grenzen zu verlieren. Tatsächlich begleitet die Gefahr der Hybris die Menschheit seit Anbeginn und wird durch jeden technologischen Fortschritt angefacht. Doch was bedeutet es, wenn wir uns vom Prinzip des »höher, schneller, weiter«, das von jeher der Zivilisationsmotor gewesen ist, verabschieden? Gesellschaften können nicht nur am Größenwahn zugrunde gehen. Sondern ebenso im braven Mittelmaß versinken. Und Letzteres ist in Demokratien, die der Egalität verpflichtet sind, die realere Gefahr – auch wenn wir uns so gern der Selbstüberhebung bezichtigen. Wir brauchen Individuen, die kühn (und verrückt) genug sind, über die Grenzen, die Natur dem Menschen gezogen hat, hinausgehen zu wollen.

Sicher, es war Mephisto, der dem leidenschaftlichen Grenzüberschreiter Faust einen dubiosen Trank reichte, um ihn aus seiner muffigen Studierstube zu entführen. Will man es christlich ausdrücken, gehen auch die »Dopingsünder« einen Teufelspakt ein, wenn sie ihre Venen zweifelhaften Ärzten hinhalten. Aber lassen wir doch die Kirche in der Kirche. Ehren wir die Fausto Coppis, Tom Simpsons und Marco Pantanis wenigstens postum damit, dass wir den Sport vom Reinheitsgebot und der damit verbundenen Heuchelei erlösen.

Wollt ihr die totale Revision?

Thea Dorn erklärt, wieso die Erde kein Paradies und dies dennoch kein Weltuntergang ist.

Traditionell überlassen wir den Part des Propheten, der durch unsere unwirtlichen Städte wandert, das baldige Ende der »großen Hure Babylon« verkündet und die Passanten zur Umkehr mahnt, dem Kreis bibelfester Obdachloser. Doch seit die Finanzkrise Banken gesprengt und die Automobilindustrie ins Stottern gebracht hat, sind auch die gebildeten Stände von einer aggressiven Prophetitis befallen. So war von Thomas Friedman, einem der prominentesten Kolumnisten der *New York Times*, zum Jahresende zu lesen: »In letzter Zeit gehe ich in Restaurants, schaue mich an den Tischen um, an denen es immer noch von jungen Leuten wimmelt, und ich habe dieses Bedürfnis, von Tisch zu Tisch zu gehen und zu sagen: ›Sie kennen mich nicht, aber ich muss Ihnen sagen, Sie sollten hier nicht sein. Sie sollten Ihr Geld sparen. Sie sollten Ihren Thunfisch zu Hause essen. Diese Finanzkrise ist bei Weitem noch nicht vorbei. Wir sind nur am Ende des Anfangs. Bitte lassen Sie sich Ihr Steak einpacken und gehen Sie nach Hause.‹« Die *Frankfurter Allgemeine Zeitung* berichtete. Und anstatt zu fragen, ob es nicht atemberaubend unverantwortlich ist, wenn ein einflussreicher Wirtschaftsfeuilletonist den apokalyptischen Harlekin gibt, sinniert der Herausgeber Frank Schirrmacher über »die Evolution einer Krise, deren Dramatik buchstäblich mit jeder Woche neue rhetorische Maßnahmen verlangt«. Ein herzloser Tropf, wer im Angesicht der Krise als Erstes an politische und ökonomische Maßnahmen denkt.

Nun ist der Schwanengesang, das hohe Lied vom baldigen Ende der Menschheit, beileibe keine Erfindung unserer Tage. Die Bibel ist gerade mal sieben Kapitel alt, schon schickt der Herr die Sintflut, auch im *Gilgamesch*-Epos bestellen die Götter den großen Regen, während die *Edda* eher auf den Weltenbrand setzt. Die Menschen des Mittelalters waren alle Naslang sicher, von einem Kometen oder der Pest kollektiv ausgelöscht zu werden. Auch das 20. Jahrhundert begann – noch vor der realen Katastrophe des Ersten Weltkriegs – mit der fiebrigen Erwartung des Halleyschen Kometen. Kaum hatte man den nationalsozialistischen Terror hinter sich gelassen, erhitzte die Angst vor dem Atomtod die Gemüter bis an den Rand der Kernschmelze. In den 70ern entdeckte der Club of Rome die Ökologie als weites Feld für Untergänge. Und die 80er bescherten uns die spezifisch deutsche Spielart dieser Angst: Das Waldsterben.

Es ist also nichts Neues, wenn in unseren Tagen wahlweise die Vogelgrippe, der Millenium Bug, die demografische Entwicklung, die Erderwärmung oder aktuell die Wirtschaftskrise als Reiter der Apokalypse besungen werden. Das Geschäft mit der Angst dürfte das in Wahrheit älteste Gewerbe der Welt sein. Neu ist allerdings, dass sich die Apokalypsen in immer rasanterem Wechsel ablösen. So wie Starbucks uns jeden Monat mit einem anderen »Coffee Highlight« bei Laune hält, kredenzen uns die Massenmedien mittlerweile den Untergang des Monats. Nicht die »Evolution der Krise« verlangt jede Woche nach »neuen rhetorischen Maßnahmen«. Presseorgane tun es, bei denen der Lautstärkeregler offensichtlich nur in eine Richtung zu drehen ist.

»Es gibt Leute, die sich über den Weltuntergang trösten würden, wenn sie ihn nur vorhergesagt hätten«, notiert Friedrich Hebbel 1845 in seinem Tagebuch. Und Friedrich Sieburg schreibt gut hundert Jahre später: »Ein wesentlicher Reiz unserer Zivilisation besteht in der Reichhaltigkeit der Palette, mit der wir die Menschheit malen, wie sie dem Grabe zuwankt. Man muss auch eine Sache, von der man nichts weiß, zu Ende denken können.«

Doch Sieburg spottet nicht nur, er bietet auch eine Erklärung an für »die Lust am Untergang«, die er als Lebensgefühl selbst in der aufstrebenden Wirtschaftswunder-Bundesrepublik allenthalben diagnostiziert: »Der Alltag der Demokratie mit seinen tristen Problemen ist langweilig, aber die bevorstehenden Katastrophen sind hochinteressant ... Wenn wir schon mit unserem Dasein nichts Rechtes mehr anzufangen wissen, dann wollen wir wenigstens am Ende einer weltgeschichtlichen Periode stehen. Richtig zu leben ist schwer, aber zum Untergang reicht es allemal.«

Spricht also tatsächlich der freudsche Todestrieb aus uns,

»das wunderbare Sehnen dem Abgrund zu«, wie Hölderlin es nannte? Auf den ersten Blick erscheint die Annahme absurd. Denn unsere Endzeitverkünder sind weit davon entfernt, wie Wotan in Richard Wagners *Der Ring des Nibelungen* zu donnern: »Nur Eines will ich noch, das Ende! Das Ende!«

In einem Punkt sind sich Wotan und die heutigen Apokalyptiker jedoch frappierend einig: Die Welt hat sich in eine grundverkehrte Richtung entwickelt und hätte es dafür verdient unterzugehen. Wie der Wagnergott sein gesamtes zivilisatorisches Werk als »herrische Pracht, göttlichen Prunkes prahlende Schmach« verflucht, geißeln auch unsere zürnenden Zeitgenossen den *way of life*, entlarven das fundamental Verheerende an unseren individualistisch-kapitalistischen Gesellschaften. Zweifel und moderate Töne sind ausgeschlossen.

In seinem Bestseller *Minimum. Vom Vergehen und Neuentstehen unserer Gemeinschaft*, prophezeit Frank Schirrmacher 2006: »Wir glaubten bisher, unser Spiel mit Elementargewalten beschränke sich auf die technisch-wissenschaftliche Welt … Aber auch die Familie und die verwandtschaftlichen Netzwerke, so müssen wir jetzt erkennen, sind Urgewalten, mit denen wir gespielt, deren Kräfte wir entfesselt haben und deren Kontrolle uns und unseren Kindern zu entgleiten droht.«

Schirrmacher kann auf eine solide bundesrepublikanische Katastrophen-Vorarbeit setzen.

Von sich rächenden Urgewalten weiß der Schriftsteller

und Öko-Aktivist Carl Amery (1922 – 2005) bereits in den 80er Jahren zu berichten: »Das Waldsterben«, schreibt er, »ist der untrüglich einsetzende Versuch der Gaia, d.h. des Lebewesens Erde, sich durch eine gewaltige Operation einer misslungenen Spezies zu entledigen … Es erfordert die totale Revision unserer so genannten Werte. Darunter läuft nichts mehr.«

Philosophisch anspruchsvoller, aber nicht weniger »total« formuliert taucht der Gedanke des »darunter läuft nichts mehr« schon gut zwanzig Jahre früher in Karl Jaspers' Schrift *Die Atombombe und die Zukunft des Menschen* auf: »Vor der Drohung totaler Vernichtung sind wir zur Besinnung auf den Sinn unseres Daseins zurückgeworfen. Die Möglichkeit der totalen Zerstörung fordert unsere ganze innere Wirklichkeit heraus.«

Die Sehnsucht hinter der Katastrophenrhetorik ist: Der Mensch möge zur radikalen Umkehr finden. Deshalb reicht es auch nicht, die krisenhaften Exzesse unserer Lebensform zu benennen und nach konkreten, pragmatischen Auswegen zu suchen. Krisen sind von dieser Welt, gehören zur normalen Entwicklung der menschlichen Geschäfte. Katastrophen jedoch sind Ereignisse, die den Lauf der Dinge jäh unterbrechen, Eruptionen, die das Kontinuum sprengen, die Geschichte in eine andere Richtung zu reißen vermögen. Krisen machen das Leben auf unspektakuläre Weise anstrengend, weil sie die mühsame, sorgfältige Kleinarbeit der Nachbesserung und Feinjustierung erfordern. Katastrophen hingegen sind Zeiten der großen Geste. Die Katastrophe rüttelt das saturierte Individuum auf. Und gleichzeitig erlaubt sie ihm, sich zum Retter aufzuschwingen.

Niemand spielt die Rolle des erschütterten Erschütterers derzeit so gut wie Al Gore. Es ist mehr als eine menschelnde Zutat, wenn der Mann, der sich zu Beginn von *Eine unbequeme Wahrheit* mit dem Satz: »Ich war früher mal der nächste Präsident der Vereinigten Staaten von Amerika« vorstellt, später im Film erzählt, wie seine Wendung zum Klimaretter geschah: Sein sechsjähriger Sohn rang nach einem Autounfall wochenlang mit dem Leben. Die private Katastrophe als Bekehrungserlebnis. Und gleichzeitig gibt der Friedensnobelpreisträger von 2007 halb selbstironisch zu, dass sein globaler Ökokreuzzug eine schöne Ablenkung von der Enttäuschung ist, das Präsidentenamt im Jahre 2000 so knapp verpasst zu haben. Selten lagen Ego-Show und Weltrettungsgestus dichter beieinander.

Seit ihren Anfängen zielt die Warnung vorm Weltuntergang darauf ab, die Menschheit in ihrem Größenwahn zu zügeln, sie daran zu erinnern, dass es Mächte gibt, die größer sind als sie selbst. Doch schlägt die vom Endzeitraben grell vorgetragene Mahnung zur Demut, zur großen Ein- und Umkehr, nicht selbst in Hybris um, wenn sie sich dazu aufschwingt, unsere Gesellschaft insgesamt abzukanzeln und ihr deshalb die »totale Revision« zu verordnen? Steckt in dem Ekel, den unsere Apokalyptiker angesichts des alltäglichen tatsächlichen Lebens offenbar empfinden, nicht letztlich doch etwas zutiefst Lebensfeindliches, dem freudschen Todestrieb Verwandtes?

Um Himmels willen, nein! würden die guten Menschen von ihren Klima-, Demografie- und Live-8-Gipfeln herabrufen. Wir mahnen und rütteln doch gerade, weil wir das Leben lieben, die Menschheit retten, der nächsten Generation eine nichtverwüstete Erde hinterlassen wollen. Unser Ekel ist nicht der Ekel vor dem Leben als solchem, sondern der Ekel vor dem falschen, kapitalistischen, ausbeuterischen, entfremdeten, oberflächlichen, egoistischen Leben, wie wir es in den westlichen Gesellschaften führen. Aber warum machen sich unsere Apokalyptiker auf dem wohlwollenden Auge blind, warum sehen sie nur die gierigen Manager, die (noch) nicht beseitigte Armut, den Konsumismus, die billige Plastikkultur, die verschmutzten Flüsse? Und nicht die verantwortungsvollen Unternehmer, die verbesserten Lebensbedingungen auch für die ärmeren Schichten, die Museen und Opernhäuser, die Naturschutzparks, die unsere angeblich so durch und durch verrottete Zivilisation ebenso hervorgebracht hat?

»Die janze Richtung passt mir nicht.« Der Spruch, den Kaiser Wilhelm II. getätigt haben soll, ziert auch die Wappen unserer unbarmherzigen Levitenleser. Aber was wäre die Richtung, die besser passte?

Den deutlichsten Aufschluss über die Hoffnungen der Endzeitverkünder gibt das Katastrophenkino à la *The Day After Tomorrow*: Geschiedene Väter, die es am Vortag der Katastrophe noch nicht einmal fertigbrachten, ihren Sohn pünktlich zum Flughafen zu fahren, marschieren zu Fuß durch die plötzlich hereingebrochene Eiszeit, um ebenjenen

Sohn aus einem in Eis und Schnee versunkenen New York herauszuholen. Penner und Millionärssöhnchen, die sich eben noch feindlich fremd aus dem Weg gingen, teilen sich den letzten Pullover.

Wem dies zu trivial erscheint, der möge bei Heinrich von Kleist, in *Das Erdbeben in Chili*, nachlesen. Der düstere Dichter ergeht sich ebenfalls in Schilderungen des klassenlosen, von Nächstenliebe durchströmten Idylls im Windschatten der Katastrophe, auch seinen Protagonisten will es – wenigstens vorübergehend – so scheinen, »als ob das allgemeine Unglück alles, was ihm entronnen war, zu *einer* Familie gemacht hätte«.

Muss man so extreme Erfahrungen wie die Auschwitz-überlebende Ruth Klüger gemacht haben, um zu erkennen, dass die Vorstellung, besonders großes Leid würde besonders humanisierend wirken, ebenso rührseliger wie fataler Kitsch ist?

Die Menschheit wird sich von dem schlechten Gewissen, das sie plagt, seit Prometheus den Göttern das Feuer geklaut und Eva und Adam vom Baum der Erkenntnis gekostet haben, nicht befreien, indem sie alle fünf Minuten den nächsten Weltuntergang herbeifantasiert und dabei doch nur heimlich hofft, den Schleichweg zurück ins Paradies zu finden. Alle Wege dorthin sind verbaut. Und deshalb wird die Menschheit auch keine gerechteren Gesellschaften kreieren, indem sie an der Utopie festhält, Frieden herrsche erst dann, wenn alle Konflikte, Gegensätze und Widersprüchlichkeiten ausgemerzt, alle Zersplitterungen in einer großen Weltumarmung gekittet sind. Der Mensch ist aus krummem Holz gemacht. Jeder Versuch, aus ihm etwas gänzlich Gerades zu zimmern, hat bislang nur einen Ort erschaffen: Die Hölle auf Erden.

Ein Männlein steht im Walde

Thea Dorn wundert sich über den Mann, der endlich Opfer sein will.

Ein Männlein steht im Walde ganz still und stumm … Mein Großvater sang mir das Fallersleben-Liedchen vor, wenn er mich in meinem Buggy – damals noch »Sportwagen« genannt – durch die rheinland-pfälzische Natur schob. Sobald ich den Text zu begreifen begann, hielt ich Ausschau nach dem Männlein. Und war enttäuscht, es nie zu Gesicht zu bekommen. (Die Erklärung, dass in Wahrheit nur die Hagebutte gemeint sei, ließ ich nicht gelten.)

Gut fünfunddreißig Jahre später sehe ich das Männlein im Walde. Allerdings steht es dort nicht still und stumm, sondern pfeift nach Leibeskräften. *Im Schatten der Emanzipation sind Männer zu Opfern geworden*, heißt sein Liedchen.

In der ersten Strophe klagt es, dass Männer im Schnitt fünf bis sechs Jahre kürzer leben als Frauen. Um den Verdacht zu beseitigen, dies könne mit einer biologischen Disposition des Mannes zu tun haben, führt es eine so genannte »Klosterstudie« ins Feld, in der die Daten von fast 12 000 Nonnen und Mönchen aus deutschen Klöstern gesammelt sind. Und siehe da: Nonnen haben keine nennenswert höhere Lebenserwartung als ihre Geschlechtsgenossinnen jenseits der Klostermauern. Mönche werden jedoch fast so alt wie Nonnen und damit Jahre älter als ihre Brüder im weltlichen Trubel. Was aber sagt uns das? Dass es bei Frauen nicht lebensverkürzend wirkt, wenn sie sich der Fleischeslust hingeben, Männer hingegen bei jedem Beischlaf ein Blatt von ihrem Lebenskalender abreißen müssen? So gesehen sollten sich die Kurzlebigeren bei jenen Feministinnen bedanken, die in den 70er Jahren den (heterosexuellen) Geschlechtsverkehr zur feindlichen Leibesübung erklärten.

Ein Demografieprofessor, der die »Klosterstudie« kommentiert, merkt an, dass überall auf der Welt Männer deutlich kürzer leben als Frauen. Darf man daraus wiederum schließen, dass die niedrigere Lebenserwartung afghanischer Männer im Vergleich zu afghanischen Frauen ihre Hauptursache darin hat, dass auch jene im Schatten der Emanzenblüte zu Opfern geworden sind?

Die Lieblingsfeinde des Männleins heißen »Gleichstellungsgesetz« und »Gender Mainstreaming«. Im Refrain klagt es so herzzerreißend, dass man meinen könnte, es stünde mit einem Bein bereits in Norwegen, jenem Land, dem raue Staatsfeministen verordnet haben, dass alle Aufsichtsräte zur Hälfte weiblich besetzt sein müssen.

Und so wird dem Männlein restlos bang ums Herz, wenn es über die berufliche Situation seiner Geschlechtsgenossen nachdenkt. »Männer üben in diesem Lande die gefährlichsten und unattraktivsten Berufe aus, die meisten davon ohne jede Aufstiegschance«, so der Journalist Paul-Hermann Gruner, selbsternannter Sprecher einer »Befreiungsbewegung für Männer«. Die rasanten Aufstiegsgeschichten von Putzfrauen, Krankenschwestern und Fußpflegerinnen müssen sich in einem Paralleluniversum abspielen, in das mein Raumschiff bislang noch nicht vorgestoßen ist. Zum Trost kann ich dem Männlein versichern, dass ich durch die Fenster meines Raumschiffs hingegen sehr mächtige und reiche Paralleluniversen gesehen habe, in denen seine Geschlechtsgenossen ganz unter sich bleiben: Die obersten Chefetagen der deutschen Wirtschaft zum Beispiel.

In seinem Schmerz spricht das Männlein jedoch eine Wahrheit aus: Die allermeisten Feuerwehrmänner sind in der Tat Feuerwehrmänner und keine Feuerwehrfrauen. Ebenso wie unter den bislang in Afghanistan gefallenen Soldaten der Bundeswehr nur eine Soldatin war. Jede halbwegs vernünftige Frau wird jenen Männern und wenigen Frauen, die bereit sind, ihr Leben aufs Spiel zu setzen, um andere Leben zu retten, oder ein geschundenes Land zumindest ansatzweise sicherer zu machen, Respekt und Anerkennung zollen. Der beleidigende und diskriminierende Satz »Soldaten sind Mörder« stammt von einem Mann (Kurt Tucholsky) und klebte in den 70er und 80er Jahren beleibe nicht nur an den Kotflügeln von lila Enten.

Aber vielleicht will das Männlein ja gar nicht an die Front geschickt werden. Vielleicht sehnt es sich gar nicht nach »Naturschutzparks der Männlichkeit«, wie sie der gleichfalls um die Zukunft der Männer besorgte Medientheoretiker Norbert Bolz vor einigen Jahren forderte. Vielleicht will es einfach nur ganz still und stumm im Walde stehen dürfen und hin und wieder über sein *schwarz Käpplein klein* gestreichelt werden?

Denn das Männlein möchte vor allem eins: Endlich auch als Opfer anerkannt werden.

Verkehrte Welt: Während eine neue Generation Feministinnen unmissverständlich sagt, dass frau im 21. Jahrhundert nach allem Möglichen strebt, nur nicht danach, als Opfer betrachtet zu werden, stürmt das Männlein die Jahrmärkte der öffentlichen Gefühligkeiten, um den Opferwimpel zu ergattern, jenes höchste Gütesiegel, das die Verdienstorden früherer Zeiten abgelöst hat.

Unlängst hatte ich die Ehre, zu einem Expertentreffen bei der Bundeskanzlerin eingeladen zu sein. Schnell wurde als einer der großen Trends die »Feminisierung der Gesellschaft« ausgerufen. Sicherheitshalber schaute ich mich ein zweites Mal in der Runde der versammelten Politiker, Wissenschaftler und Publizisten um: Außer der Bundeskanzlerin und mir saßen nur Männer im Raum.

Natürlich ist unsere Welt an der Oberfläche »weiblicher« geworden. Mein Großvater würde sich wundern, wie vielen kinderwagenschiebenden Vätern er heute (zumindest in urbanen Regionen, vorwiegend am Wochenende) begegnen würde. Und meine Großmutter würde nicht wirklich begreifen, warum viele Frauen heute mehr vom Leben erwarten, als eine männliche Biografie vom Sozius aus unterstützen zu dürfen. Dennoch: Ein paar Tausend Windeln wechselnde Väter und eine Kanzlerin machen noch kein Matriarchat. Woher also der Aufruhr im männlichen Lager?

Kopernikus hat der Menschheit die erste narzisstische Kränkung zugefügt, indem er die Erde vom Mittelpunkt des Universums zu einem Nebenplaneten degradierte. Darwin demütigte den Menschen zum zweiten Mal, indem er die vermeintliche Krone der Schöpfung als Nachfahren des Affen entlarvte. Die Erkenntnis, dass Flugzeuge nicht häufiger abstürzen, wenn eine Kapitänin im Cockpit sitzt, dass Unternehmen nicht schneller bankrottgehen, wenn sie von einer Chefin geleitet werden, und dass Frauen mittlerweile sogar Fußball- und Boxweltmeistertitel erringen können, scheint die dritte große Demütigung sein, die zumindest der männliche Teil unserer Spezies noch nicht verwunden hat.

Die antifeministischen Reflexe mancher Männer erklärte die brillante Frauenrechtlerin und Schriftstellerin Hedwig Dohm bereits 1902: »Die Motive derer, die das Pulver nicht erfunden haben, liegen zutage. Wenn die Frau nicht dümmer wäre als sie, wer wäre es denn? Wenn der arme Schlucker auch von allen Männern über die Achsel angesehen wird, als Mann steht er doch über der größeren Hälfte des Menschengeschlechts – über den Frauen. Da spielt er die erste Geige, die eigentlich eine Pfeife ist, nach der das Weib zu tanzen hat.«

In diesem Sinne hat sich durch die Frauenemanzipation die Lage für die Männer tatsächlich zugespitzt: Musste mann seine Konkurrenzkämpfe früher lediglich mit den Geschlechtsgenossen austragen und durfte erwarten, dass die Ehefrau daheim das geknickte Ego schon wieder aufrichten würde, getreu der Devise »Hier ist er Chef, hier darf er's sein«, hat sich die Kampfzone ausgeweitet. Ebenso gut ließe sich also von einer »Maskulinisierung der Gesellschaft« sprechen – wenn man bereit ist, unter »maskulin« mehr zu verstehen als die Karikatur eines *Homo neanderthalensis*. Der Druck, sich durch individuell erbrachte Leistung, durch Disziplin, Lernbereitschaft, Durchsetzungsvermögen und Durchhaltekraft seinen Platz im Leben zu erobern, ist in der modernen Welt seit der Frauenemanzipation weiter gestiegen. Und dieser Druck, gekoppelt mit dem Verlust des geschlechtsbedingten Überlegenheitsgefühls, produziert offensichtlich eine neue Schicht von männlichen Verlierern. Am besten lässt sich diese neue Schicht an »Problemschulen« studieren: Aggressive leistungsverweigernde junge Türken oder Araber, die umso aggressiver und leistungsverweigernder reagieren, je erfolgreicher ihre Schwestern im Unterricht werden.

Der Pädagoge Frank Beuster hat ein Buch zur »Jungen-Katastrophe« verfasst, das trotz seines reißerischen Titels ausgewogene und pragmatische Vorschläge enthält, wie Schulen und die Gesellschaft insgesamt mit dem Problem umgehen sollten. Zentral ist für ihn die Annahme, »dass besonders die Kinder und Jugendlichen bessere Voraussetzungen zur Lebensbewältigung entwickeln können, die sich von den traditionellen starren, stereotypen Rollenmodellen von Mann und Frau trennen können.«

Nichts ist einzuwenden gegen Beusters Forderung, dass Jungen, gerade um eine Identität jenseits von Männlichkeitsklischees ausbilden zu können, männliche Vorbilder brauchen, in deren Obhut sie »kultivierte Aggressionserfahrungen« machen können. Es ist allerdings zu bezweifeln, dass der Pädagoge es für eine »kultivierte Aggressionserfahrung« hält, wenn ressentimentgeladene Ältere den Jüngeren einreden, sie seien die neuen Gesellschaftsopfer – weil etwa die Bundesfamilienministerin Broschüren herausgibt, in denen sie Mädchen ermuntert, ihre Potenziale zu entfalten und sich nicht kleinmachen zu lassen. Vorbild können nur Männer sein, die so souverän und selbstbewusst sind, dass nicht einmal die souveräne und selbstbewusste Frau sie aus der Ruhe bringt. Keine Rumpelstilzchen, die sich vor Wut in der Luft zerreißen, weil die Königin sie beim Namen genannt hat.

Verdruckster Patriarch

Thea Dorn erinnert sich an Helmut Kohl.

Plötzlich ist er wieder da. Ein mächtiger Schatten im Gegenlicht.

Die Deutschen haben Helmut Kohl zum wichtigsten Mann in der Geschichte der Bundesrepublik gekürt.*

Den versierten Horrorfreund darf dieses Szenario nicht erschrecken. Er weiß: Der schwarze Mann taucht unweigerlich noch einmal auf, sobald sich der Zuschauer in Sicherheit wiegt. Die Zeitgenossin jedoch gesteht: Ihr ist der Schreck in die Glieder gefahren. Nicht Schmidt, nicht Brandt, nicht Adenauer, sondern ausgerechnet Kohl soll der größte Bundesrepublikaner sein?!

Unweigerlich fällt ihr der Aufkleber ein, der im Wahlkampf 1983 ihre Schultasche zierte: »Birne muss Kanzler bleiben!« Am ersten Oktober des Vorjahres, als Helmut Schmidt im Bundestag gestürzt und Helmut Kohl vereidigt wurde, hatte sie vor dem Fernseher gesessen und geweint. Kurz darauf war sie begeistert gewesen, weil Joschka

* »Welche Persönlichkeiten haben seit 1949 Deutschland nachhaltig geprägt?«, fragte das Institut TNS Forschung im Januar 2009 für *Spiegel Geschichte* in einer Exklusivumfrage. Mit 40,6 Prozent der Stimmen landete Helmut Kohl auf Platz 1. Auf Platz 2 folgte Konrad Adenauer mit 36,8 Prozent.

Fischer das hessische Ministerparkett auf Turnschuhsohlen betreten hatte. Lange vorbei. Wäre es nicht an der Zeit, die von den altlinken Birneverächtern wie Hans Traxler und Klaus Staeck genährte Kohl-Aversion abzulegen und einen gerechteren Blick auf den Altkanzler zu wagen?

Es gibt einen Kohl-Witz, der das bekannte Bild von »Helmut, dem Tölpeligen« übersteigt: Kohl steht am Rhein und betet zu Gott um ein Wunder, damit die Menschen endlich an ihn glauben. Das Wunder geschieht, Kohl schreitet über den Rhein. Doch was rufen die Leute? »Seht ihr, er kann noch nicht mal schwimmen.«

Ob Kohl an diesen Witz gedacht hat, als ihn am Tag eins nach dem Mauerfall ein schmähliches Pfeifkonzert empfing, als er vor jenem Rathaus zu reden begann, vor dem Kennedy einst sein »Ich bin ein Berliner« gerufen hatte? Und was erzählt es über ihn, dass es ihm nicht gelang, in dieser historischen Stunde auch nur einen einzigen Satz zu prägen, an den wir uns heute noch erinnern könnten? Willy Brandt hat es mit seinem »Jetzt wächst zusammen, was zusammen gehört« geschafft.

Vielleicht war es tatsächlich der Wunsch, Wunder zu tun, der Kohl wenig später zu der höchst fragwürdigen Entscheidung trieb, den Wechselkurs von Ost- in West-Mark auf eins zu eins festzusetzen. Denn siehe da: Plötzlich liebten ihn die Menschen. Zumindest im Osten. »Helmut! Helmut!«-Chöre, wo immer sich der werdende »Kanzler der Einheit« zwischen Angermünde und Zwickau blicken ließ. Der Jubel währte indes nicht lange: Kohl war nicht Jesus.

Realsozialistische Industriebrachen ließen sich nicht über Nacht in blühende Landschaften verwandeln. Als Kohl im Mai 1991 in Halle auftrat, flogen Eier und Tomaten.

Versucht man, sich ein Bild von der Rolle zu machen, die Kohl im Prozess der deutschen Wiedervereinigung gespielt hat, stößt man auf Widersprüchliches. Einigkeit herrscht lediglich darüber, dass er die deutsche Einheit mit aller Entschlossenheit und einigem politischen Geschick betrieb. Darüber hinaus reicht das Spektrum vom »Staatsmann des Jahrzehnts« – eine Auszeichnung, die Kohl vom New Yorker EastWest Institute 1999 verliehen wurde – bis zum vernichtenden Urteil des Philosophen und Literaturwissenschaftlers Karl Heinz Bohrer: »Der Begriff ›politische Lebensleistung‹ ist nichts anderes als der Euphemismus für geballte Mittelmäßigkeit und Gestalt gewordene Trivialität, die der Zufall in eine Epoche großer Entscheidungen warf.« Das Bild bleibt unklar: Deutsch-europäische Zugmaschine oder doch nur ein – zugegebenermaßen massiges – Blatt im Sturm der Geschichte?

Die ganze Ambivalenz zeigt sich in einer Anekdote, die Condoleezza Rice, damals schon außenpolitische Beraterin bei Präsident Bush senior, erzählt. Gorbatschow ist im Mai 1990 nach Washington gereist. Es geht um den ebenso zentralen wie heiklen Punkt, ob die UdSSR zustimmt, dass ein wiedervereinigtes Deutschland Mitglied der NATO bleibt. Nach langen Verhandlungen sagt Gorbatschow endlich ja. Washington ruft Bonn an, um die frohe Botschaft zu überbringen. In ihrem Buch über den deutschen Wiedervereinigungsprozess schreibt Rice: »Es war, als sei die Information so umwerfend, dass sie, selbst wenn Bush sie in Riesenlettern geschrieben hätte, einfach nicht durchdrang.« Insider kolportieren, in jener Nacht habe die Sicherheitsberaterin sich weniger diplomatisch ausgedrückt: »*Kohl doesn't get it*.« Kohl kapiert's nicht.

Paradoxerweise scheint gerade die Tatsache, dass auch im Ausland niemand Kohl für einen »großen Deutschen« gehalten hat, sein größter Trumpf als Staatsmann gewesen zu sein. »Er ist die verkörperte Entwarnung und hätte einen Heine nicht um den Schlaf gebracht«, bescheinigte ihm Jürgen Habermas Mitte der 90er Jahre. Und in der Tat schien der leutselig dröhnende Pfälzer auch George Bush, Michail Gorbatschow, seinen französischen Männerfreund François Mitterrand und sogar die von ihm leicht dauergenervte Margaret Thatcher nicht um den Schlaf gebracht zu haben. Allenfalls, indem er sie in den »Deidesheimer Hof« zu den berüchtigten Saumagengelagen mitschleppte. Solch deutsches Wesen hatte die Drohung, an ihm möge die Welt genesen, glaubhaft im Riesling ertränkt. Kohls größte außenpolitische Leistung – die seine größte innenpolitische Leistung ermöglicht hat – dürfte darin liegen, den Rest der Welt endgültig von der Harmlosigkeit Deutschlands überzeugt zu haben. Allerdings ist vor diesem Hintergrund zu befürchten, dass Kohls zweites großes Verdienst, sein Engagement für den europäischen Einigungsprozess, weniger einer politisch-kulturellen Vision von den »Vereinigten Nationen Europas« entsprang, als vielmehr dem

Bedürfnis des Gastgebers, möglichst viele an seiner Tafel zu versammeln, um es sich in harmonisch-stimmungsvoller Runde gut gehen zu lassen.

Bei aller Harmlosigkeit im Weltmaßstab: Die Liste der Skandale und Fehltritte, die Kohl sich im Laufe seiner sechzehnjährigen Kanzlerschaft geleistet hat, zeugt davon, dass sein Machtsystem nach innen so harmlos nicht gewesen sein kann. Im Flick-Skandal, als er den wegen Bestechlichkeit angeklagten Graf Lambsdorff von seinem Kabinettstisch hätte entfernen müssen, stellte er sich störrisch vor den Wirtschaftsminister. In Bitburg beharrte er darauf, zusammen mit Ronald Reagan einen Friedhof zu besuchen, auf dem sich unter anderem neunundvierzig Gräber von Angehörigen der Waffen-SS befanden – ein Detail, das Kohls Stab bei der ersten Friedhofsbegehung angeblich übersehen hatte. Die Namen der illegalen Parteispender verschweigt der Altkanzler bis heute ebenso wie die Zwecke, für die das Geld der schwarzen Konten eingesetzt wurde. Das Irritierendste an all dem: Kohls bräsiger Trotz, seine alles niederwalzende Selbstgerechtigkeit. Wie gut hätte es nicht nur seinem, sondern dem Ansehen der deutschen Politik insgesamt getan, hätte er ein einziges Mal den Satz sagen können: »Ja, ich habe Fehler gemacht.« Exakt diese Fähigkeit unterscheidet den souveränen Patriarchen vom verdrucksten.

Was verrät es nun aber über uns, dass wir ausgerechnet Kohl zum wichtigsten Bundesrepublikaner gewählt haben?

Es lohnt sich, das »wir« genauer zu betrachten. Es sind

die 30- bis 44-Jährigen. Jene Jahrgänge, die sich von Florian Illies weitgehend widerspruchslos als »Generation Golf« haben taufen lassen.

Das Ergebnis muss man wohl als weiteres Indiz für die Geschichtsvergessenheit und infantile Egozentrik dieser Generation deuten. Mit Kohl sind sie sechzehn Jahre lang aufgewachsen. Kohl hat ihre Kindheit bzw. Jugend geprägt – und dass es auf der Welt etwas Größeres als ihre Kindheit und Jugend geben kann, übersteigt ihren Horizont. Wobei die Überhöhung Kohls durch die 30- bis 44-Jährigen mit ostdeutscher Vergangenheit noch eher zu verstehen ist: Für sie hat er Horizonte geöffnet, die zuvor vom Eisernen Vorhang versperrt waren. Wenn sie »Kohl« sagen, dürften sie weniger an ihr erstes Nutellabrot denken als vielmehr an ihre erste Reise nach Paris, New York, Ibiza.

Dem flüchtigen Blick mag es so scheinen, als ob Welten lägen zwischen dem biederen Strickjackenträger, der es wohnsitzhalber dann doch nur von Ludwigshafen-Friesenheim bis Ludwigshafen-Oggersheim geschafft hat, und den smarten »Golfern«, die ihre stets frisch gebügelten Designerhemden mit kosmopolitischer Selbstverständlichkeit zwischen Berlin, Kathmandu und London zu tragen wissen. Bei genauerem Hinsehen reduziert sich der Unterschied jedoch tatsächlich auf den zwischen Strickjacke und Designerhemd.

Am Ende von *Generation Golf*, jenem im Jahre 2000 erschienenen »Kultbuch«, bedankt sich Florian Illies bei seinem Literaturagenten. Und bei Helmut Kohl. Dass mehr dahintersteckt als ein Scherz, wird klar, wenn man sich die anderen Bücher von Illies anschaut: In seiner *Anleitung zum Unschuldigsein* erteilt er seinen Landsleuten launige Ratschläge, wie sie ihre diversen Schuldmacken überwinden könnten. Muss man sie nicht im Kontext von Kohls missratener Rede vor dem israelischen Parlament im Jahre 1984 lesen, als dieser die »Gnade der späten Geburt« bemühte, um seine Erleichterung auszudrücken, dass er zu jung gewesen sei, um sich in Nazideutschland die Hände schmutzig zu machen? Und singt Illies in seinem Buch *Ortsgespräch* nicht ein Loblied auf die Kindheit in der hessischen Provinz, in das Kohl bei einem guten »Schöppsche« sofort einstimmen könnte?

Karl Heinz Bohrers Schimpfwort von der »hedonistischen Provinz« trifft mitnichten nur auf Oggersheim zu. Berlin-Mitte darf sich getrost ebenso angesprochen fühlen.

Die *Park Avenue*, jenes unlängst eingestellte Magazin, in dem die nicht mehr ganz junge, aber dennoch nicht erwachsene Generation sich selbst bespiegelte, widmete dem »Eur-Opa« Kohl in einer ihrer letzten Ausgaben ein langes Porträt. Die zentrale Botschaft: »Er wirkt wirklich sehr nett, wenn man seine Freunde so hört.«

Nichts gegen »nett«. Doch was bedeutet es für das intellektuell-politische Klima eines Landes, wenn »nett« zum Leitwert erhoben wird? Und ist es nicht ein unseliger Generationenfrieden, den Illies & Co. mit Kohl geschlossen haben, indem sie ihm offensichtlich nach wie vor dankbar sind, dass er sie mit der Illusion hat aufwachsen lassen, sie dürften an ihren Playmobilburgen weiterbasteln und die Politik getrost Papa überlassen? Das Prinzip Harmlosigkeit war eine überzeugende Abkehr von der »Blonden Bestie«. Aber ist es zu Beginn des 21. Jahrhunderts nicht höchste Zeit für ein drittes Prinzip – das Prinzip Verantwortung? Um dies anzuerkennen, wäre es unerlässlich, nach Figuren Ausschau zu halten, die über ein zeitgemäßes republikanisches Pathos verfügen, den Bürgern keine vollen Tische versprechen und gleichzeitig ahnen, dass die Haushaltskasse leer ist, die Lust wecken am öffentlichen Streit um Inhalte, anstatt das Land in falscher Konsens-Umarmung zu ersticken.

Noch ist unklar, ob seine schwer angeschlagene Gesundheit es Helmut Kohl erlauben wird, an den Feierlichkeiten zum 20. Jahrestag des Mauerfalls teilzunehmen. Als Privatmensch wünsche ich ihm alles Gute. Als Staatsbürgerin bekenne ich: Über der Vorstellung, »den Alten« noch einmal auf einer schwarz-rot-gold beflaggten Empore stehen zu sehen, schwebt ein Hauch von Horror.

Vulgärpazifismus

Thea Dorn misstraut
den deutschen Friedenstauben.

Die Frage, »obs edler im Gemüt, die Pfeil und Schleudern des wütenden Geschicks erdulden, oder sich waffnend gegen eine See von Plagen, durch Widerstand sie enden?«, trieb Hamlet an den Rand des Wahnsinns und darüber hinaus.

Weit entfernt von solch seelischer Zerrissenheit bewegen sich die fünfundzwanzig prominenten Künstler und Medienschaffenden, die in der Wochenzeitung *Freitag* die Bundesregierung aufgefordert haben, Deutschlands militärische Präsenz in Afghanistan innerhalb von zwei Jahren zu beenden. Hamlet war weise genug zu sehen, dass es bei der Frage »wütendes Geschick dulden« oder »durch Widerstand enden« ums Ganze geht – ums sprichwörtlich gewordene »Sein oder Nichtsein«. Schaut man sich in der Geschichte des ernst gemeinten Pazifismus um, stellt man fest, dass all seine Gallionsfiguren bereit waren, das »Nichtsein« als Konsequenz ihres Pazifismus in Kauf zu nehmen: Sokrates weigerte sich, aus dem Gefängnis zu fliehen, und trank den tödlichen Becher, zu dem ihn die Athener verurteilt hatten: Tiefster und letzter Ausdruck seiner Überzeugung, dass es allemal richtiger ist, Unrecht zu erleiden, als selbst Unrecht zu tun. Jesus starb seinem Credo gemäß, dass die einzig richtige Reaktion auf einen Schlag ins Gesicht darin besteht, dem Schlagenden die andere Gesichtshälfte hinzuhalten. Amish-People ließen sich bei ihrer Ankunft in den USA im 18./19. Jahrhundert widerstandslos von Indianern abschlachten, weil ihr Glaube es ihnen verbietet, sich selbst in akutesten Notwehrsituationen gewaltsam zu verteidigen.

Die Unterzeichner des aktuellen Pazifismusaufrufs von Elfriede Jelinek bis Charlotte Roche, von Jürgen Flimm bis Katharina Thalbach hingegen scheinen zu glauben, man könne sein Gewissen lämmchenweiß halten und dennoch in den Genuss des »Seins« kommen. Sie erklären, dass Deutschland der Verantwortung, die es in Afghanistan übernommen hat, nicht ausweichen soll. Mit der Gummiformel »langfristiges entwicklungspolitisches Engagement« hoffen Schriftsteller und andere Wortarbeiter, die sonst keine Gelegenheit auslassen, die Bundesregierung für deren Gummiformel vom »Stabilisierungseinsatz« zu kritisieren, den gordischen Gewissensknoten zu durchschlagen. Ob die versammelten Unterzeichner mit Menschen geredet haben, die sich in Afghanistan tatsächlich »entwicklungspolitisch engagieren«? Die Antwort, die ich von fast allen gehört habe, die dort für Bildung und Zivilgesellschaft kämpfen, lautet: Ohne massiven militärischen Schutz – der zum Beispiel auch beinhaltet, dass man es nicht einfach geschehen lässt, wenn Taliban zwei Tanklastzüge entführen – brauchen wir hier keinen Tag länger zu arbeiten.

Da ist Richard David Precht in seiner Ablehnung des Bundeswehreinsatzes in Afghanistan schon konsequenter. Im *Spiegel* machte der Philosoph, der mit der Frage »Wer bin ich – und wenn ja wie viele?« berühmt wurde, seinem Zorn gegen den »verlogenen Menschenrechts-Bellizismus« Luft. Zwischen den Zeilen gibt er deutlich zu verstehen, dass es ihm egal ist, was in Afghanistan mit der emanzipationswilligen Bevölkerung geschieht. Die Verdienste der Bundeswehr schrumpfen bei ihm darauf zusammen, dass diese »am Hindukusch einigen Menschen das Leben gerettet, ein paar Straßen friedlich gemacht und ein paar Frauen und Schulkindern das Leben erleichtert hat«.

Es sind Fragen von Leben und Tod, die hier verhandelt werden. Der Philosoph, der nicht genau weiß, wer – und wenn ja wie viele – er ist, spricht lieber von »feinen Dingen«. Allerdings vergeht ihm der Distanz-Jargon, wenn er daran denkt, dass die Bundesregierung »durch ihre Afghanistan-Abenteuer« die Bundesrepublik »fahrlässig zur Zielscheibe von Terroristen« macht.

Derselbe Gedanke (»Wir sind, wenn wir uns nirgends militärisch engagieren, kein Ziel mehr für den Terrorismus«) findet sich in dem offenen Brief, den Martin Walser an die Bundeskanzlerin geschrieben hat. Nun kann man Walser wahrlich nicht vorwerfen, dass er es sich im Allgemeinen zu leicht machte – um so unbegreiflicher, wie dieses sonst tief in sich selbst bohrende Urgestein der naiven Hoffnung verfallen kann, der zuverlässigste Weg, sich aus der Schusslinie zu bringen, liege darin, die Waffen zu strecken. Natürlich ist es höchst respektabel, wenn Walser glaubt, dass »Kriege unter gar keinen Umständen zu rechtfertigen« seien. Aber dann muss er so wie Sokrates, Jesus, Hamlet, die Amish auch das »Nichtsein« als Preis für diese höchst respektable Haltung in Kauf nehmen. Pazifismus, der darauf schielt, die eigenen Schäfchen ins Trockene zu bringen, ist ein moralischer Taschenspielertrick.

Eben diese Inkonsequenz ist es, die mir den aktuellen Pazifismus so schwer erträglich macht: Zwar hält man den Westen *en gros* für eine so fragwürdige Kultur, dass man ihm pauschal das Recht abspricht, sich auch mit Gewalt gegen die zu verteidigen, die ihn ihrerseits mit äußerster Skrupellosigkeit attackieren. *En détail* möchte man in Berlin, Köln oder am Bodensee seinen Rotwein aber auch weiterhin in Ruhe genießen können.

Und ich frage mich, wieso der aktuelle Pazifismus nicht ohne seinen Schatten »Anti-Amerikanismus« auftreten kann. So bezeichnet etwa Precht in seinem Essay den *American Way of Life* als »die erfolgreichste Massenvernichtungswaffe des 20. Jahrhunderts«. Darf man daraus schließen, dass Herr Precht lieber in einem System aufgewachsen wäre, das dem milden Reich des Sowjethumanismus angehörte?

»Freedom isn't free.« Dieser Satz, der sich auf Deutsch nur etwas umständlich übersetzen lässt als »Freiheit ist nicht kostenlos zu haben«, macht den Kern des US-amerikanischen Selbstverständnisses aus. Wir Deutschen dagegen scheinen immer noch zu glauben, dass die Freiheit, die uns die Amerikaner nach 1945 beschert haben, ebenso kostenlos war wie die Kaugummis, die sie an die deutschen Jungs und Mädel verteilt haben – und die ihnen manch intellektueller Zeitgenosse heute noch vorwirft.

Ein bisschen Frieden, ein bisschen Sonne, ein bisschen Liebe – das war die Haltung, in der es sich Deutschland nach seinem barbarischen »Und-morgen-die-ganze-Welt«-Geschrei gemütlich gemacht hatte. Es könnte an der Zeit sein, die Kinderdisco zu verlassen.

In ihrer jüngsten Regierungserklärung zum Afghanistaneinsatz hat die Bundeskanzlerin darauf hingewiesen, dass »die Folgen von Nichthandeln« uns »genauso zugerechnet« werden, »wie die Folgen von Handeln.« Damit formuliert sie das moralische Dilemma, in dem wir stecken, und beweist ein größeres Gespür für die Tragik der Zeit als unsere Intellektuellen.

Wann hat man sich im Kampf für ein gerechtes Ziel die Hände so schmutzig gemacht, dass man seine moralische Überlegenheit verspielt hat? Wie geht man mit der Schuld um, die man im Krieg zwangsläufig auf sich lädt? Die Diskussion darüber darf nicht den Militärstrategen mit ihrem Unwort vom »Kollateralschaden« überlassen werden.

Was heißt es, die Idee der Freiheit und der Menschenrechte in einer Welt zu verteidigen, in der die Globalisierung – die wir selbst initiiert haben – uns nun zwingt, mit archaischen Stammesgesellschaften zurechtzukommen? An wie vielen Brandstellen der Welt gleichzeitig kann der Westen sich und das, wofür er steht, verteidigen?

Was bedeutet »Krieg« für Generationen, die einen solchen nie am eigenen Leib erfahren haben und also leichtfertig dem Irrtum aufsitzen könnten, es handele sich um ein verschärftes Rollenspiel?

Und wie gehen wir als Öffentlichkeit mit getöteten deutschen Soldaten um? Ein apartes Denkmal am Rande des Verteidigungsministeriums wird nicht genügen.

Es ist unredlich, sich diese quälenden Fragen von der Seele zu halten, indem man sich hinter einem Vulgärpazifismus verschanzt, den im eigenen Leben durchzuhalten man keinen Moment bereit wäre.

Mutter Vader

Angela Merkel will zum zweiten Mal Kanzlerin werden. Thea Dorn weiß nicht, warum sie die CDU wählen soll.

In den 80ern durfte ich noch nicht wählen. Hätte ich wählen dürfen, hätte ich alles gewählt. Nur nicht die CDU. Warum? Weil man das als junger, sich fortschrittlich fühlender Mensch einfach nicht tat. CDU – das war der Schuldirektor, der zur Feier der ersten Griechischstunde persönlich in jede Klasse kam, über die »Sándale« (mit altgriechischer Betonung auf der ersten Silbe) rhapsodierte und dabei auf hellbraunen Lochmustersandalen wippte. CDU – das waren peinlich-laute Provinzfiguren, die Frauen hinterm Herd und Schwule im katholischen Umerziehungslager sehen wollten, oder schmallippige Machtstreber, die man im Verdacht hatte, insgeheim doch am vierten Reich zu stricken. Die CDU hatte die Aura des Imperiums aus »Krieg der Sterne«. Nur dass Helmut Kohl nicht über den morbiden Sexappeal von Darth Vader verfügte.

Und heute? Das Imperium ist sanft geworden, weltoffen, tolerant. Aber irgendwie auch müde. Nichts in der heutigen CDU erinnert mehr an *Krieg der Sterne*. Eher gleicht sie der *Lindenstraße*. Im diesem Kosmos darf jeder sein, wie er ist, keiner soll umerzogen werden, niemand wird ausgegrenzt. Manchmal beschleicht mich zwar der Verdacht,

Darth Vader könne in die Maske von Mutter Beimer geschlüpft sein. Doch selbst wenn dem so wäre, sagt dies mehr über den aktuellen Zustand von Darth Vader aus als über den der *Lindenstraße*.

Dass es mit der alten CDU endgültig vorbei ist, wurde mir klar, als ich vor wenigen Monaten Gast bei der Islamkonferenz war und den Bundesinnenminister Wolfgang Schäuble – jenen Politiker also, der vor zwanzig Jahren noch als eine Art Wilhuff Tarkin (legendär aasiger Kommandant des »Todessterns«) gegolten hatte – in einer halben Stunde siebzehnmal das Wort »Vielfalt« sagen hörte.

Aus der Kalte-Kriegs-Partei ist nach dem Ende der Ost-West-Konfrontation eine laue Friedenspartei geworden. Im Jahre 2009 gibt es keine Gründe mehr, die CDU nicht zu wählen. Viele Gründe, sie zu wählen, gibt es allerdings auch nicht.

Die demokratische Eisdiele

Thea Dorn isst ein Eis
und geht zur Bundestagswahl.

Was haben eine Eisdiele und ein Wahllokal gemein? Nichts, sollte man annehmen.

Warum beschlich mich vor wenigen Tagen bei schönstem Eisdielenwetter am Kurfürstendamm dennoch das Gefühl, es wäre bereits Sonntag und die Frage lautete nicht: »*Choc Choc Chip*, *Strawberry Cheesecake*, *Cream Crisp Vanilla* oder *Macadamia Nut*?«, sondern »CDU, SPD, FDP oder DIE GRÜNEN?«

Wer in der anstehenden Bundestagswahl eine Richtungs- oder gar Schicksalswahl sehen will, muss sich den Dreijährigen in der Seele bewahrt haben, dessen Welt in Trümmer geht, wenn er *Choc Choc Chip* ins Waffelhörnchen bekommt, obwohl er *Strawberry Cheesecake* viel lieber mag. Vermutlich würde eine schwarz-gelbe Regierung in Sachen Mindestlohn oder Atomausstieg ein paar Dinge anders regeln als eine Große Koalition – oder die Ampel oder Jamaika, um auch die unwahrscheinlicheren Kreationen des Spätsommers zu nennen. Im Großen und Ganzen wird die Bundesrepublik auf demselben Kurs weiterstampfen und -schnaufen, auf dem sie sich seit Jahren bewegt. Alle der genannten Parteien werden die Bundeswehr aus Afghanistan abziehen, sobald der Einsatz noch heikler und verlustreicher wird, als er es bislang schon ist. Alle werden ihr Bestes tun, um bei den Burgfestspielen zur Rettung des Weltklimas den Ehrenwimpel zu erringen. Keine der Parteien wird die Steuern senken. Niemand, auch nicht die vermeintlichen Marktradikalinskis, wird die Leute auf der Straße verhungern lassen. Die Einzigen, die der Wähler von der Kommandobrücke fernhalten sollte, will er weiterhin Eis am Kurfürstendamm genießen und nicht Eisbergsplitter vom Deck der *Titanic* fegen, sind Robin Rotkäppchen, Little Oskar und deren Spaß- und Spießgesellen.

Was sagt es nun aber über den Zustand unserer Demokratie aus, wenn die Dramatik der Entscheidung, an welcher Stelle auf dem Wahlzettel ich meine Kreuze mache, auf die Dramatik der Entscheidung zwischen Schokolade und Erdbeer-Käsekuchen zusammenschmilzt? »Langweilig, jedoch erfreulich stabil und friedlich«, muss die Erstdiagnose wohl lauten.

Viel wurde in den vergangenen Wochen geredet und noch mehr geschrieben über das angebliche Ende der Volksparteien. In Wahrheit hatten wir noch nie so viele Volksparteien wie heute – gleich vier an der Zahl. Die Tatsache, dass sich das Volk nicht länger in zwei mehr oder minder homogene weltanschauliche Blöcke teilt, die sich mehr oder minder feindlich gegenüberstehen, darf nicht zu der Annahme verleiten, unsere Gesellschaft bzw. unser Parteiensystem habe keine Bindekräfte mehr, sei heillos zersplittert. Im Gegenteil: Alle sind sich ähnlicher geworden: ökologisch korrekt, sozial verträglich, kulturtolerant. Die einen ein bisschen mehr, die anderen ein bisschen weniger. Auf dem heutigen bundespolitischen Schachbrett stehen sich kein schwarzes und weißes Heer gegenüber, es geht nicht darum, den Gegner in möglichst wenigen Zügen mattzusetzen. Parteisoldaten jeglicher Schattierung schlendern übers gewürfelte Parkett und handeln aus, wie alle möglichst lange im Spiel bleiben können.

Dies ist keine Parteienschelte. Es ist eine Beschreibung, wie unser Land insgesamt funktioniert. Die Zeit der großen Auseinandersetzungen ist nicht nur in der Politik vorbei. Die Wirtschafts- und Finanzkrise führte zu keiner gesellschaftlichen Spaltung, sondern zu einer Gesamtsozialdemokratisierung. Im Windschatten des Generationenkriegs von '68 verstehen sich Eltern und Kinder gut wie nie. Im Schwimmbad des Geistes, in welchem man sich früher vom gegenüberliegenden Beckenrand aus beißend kalt oder heiß erregt beschimpfte, plantscht man heute gemeinsam im Lauwarmen.

Ich werde morgen zur Wahl gehen und meine beiden Kreuze machen. Die Eisdielen-Demokratie, wie wir sie derzeit erleben, ist nicht die beste aller möglichen Welten. Die beste aller real existierenden ist sie immer noch.

Streiten in Harmonistan

Thea Dorn sehnt sich nach streitbaren Zeitgenossen.

Es ist eins dieser Wörter, die uns bedeuten wollen, alles sei auf gutem Weg. Warum wächst in mir dennoch das Unbehagen, wenn ich das Wort »Streitkultur« höre?

»Kultur« wird an Begriffe angehängt, um zu signalisieren, dass es feiner zuginge als vormals: Aus dem »Baden« wird die »Badekultur«, aus dem »Essen« die »Esskultur«. Damit keine Missverständnisse aufkommen: Ich bin ein großer Anhänger von Kultur. Vielleicht werde ich gerade deshalb misstrauisch, wenn die Sprache beginnt, das Wort »Kultur« zum schmückenden Beiwort zu machen.

Schon Hesiod unterschied zwischen der löblichen Eris und der verderblichen – zwischen dem guten, produktiven Streit und dem bösen, destruktiven. Letzterer finde immer dann statt, wenn es um die Vernichtung, Auslöschung des Gegners gehe. Der produktive Streit hatte für Hesiod die Gestalt von Konkurrenzkämpfen: Aus Eitelkeit kann es der eine nicht ertragen, wenn der andere sich hervortut, also lässt er sich anstacheln, ihn zu übertrumpfen. Die gemeinsame Wurzel allen Streits aber blieb der Drang des Einzelnen nach Überlegenheit. So verstanden kann kein Streit ohne die Begriffe »Sieger« und »Verlierer« auskommen – ganz gleich, mit welch kultivierten Mitteln er ausgetragen wird.

In unseren westlich-zivilisierten Demokratien dagegen hat sich ein Verständnis von »Streit« breitgemacht, das diese Begriffe und die damit verbundenen Triumph- bzw. Unterlegenheitsgefühle vermeiden will. Allenfalls im Boxring und auf dem Rasen gestatten wir uns und unseren Sportskanonen noch, den Gegner unversöhnlich niederzumachen. Wahrscheinlich ist es nur eine Frage der Zeit, bis auch die Schlachtenbummler im Fußballstadion von einer freundlichen Lautsprecherstimme aufgefordert werden, ihre Gesänge »So sehen Sieger aus, scha-la-la-la-la« bitte zu unterlassen. Der Verlierer könnte sich gedemütigt fühlen. Oder noch konsequenter: Alle Spielergebnisse außer dem »Unentschieden« werden im Interesse des öffentlichen Friedens annuliert.

In der Politik ist dieser Zustand bereits eingetreten, die Große Koalition war sein natürlicher Ausdruck. Betrachtete man am Abend der Bundestagswahl die Gesichter der Gewinner, sah man, dass heftig darum gerungen wurde, sich bloß keinen Triumph anmerken zu lassen. Als die Schlachtenbummler der FDP auf ihrer Wahlparty in den Römischen Höfen den »Scha-la-la-la-la«-Gesang anstimmten, machte der Parteivorsitzende Gesten, als wollte er gleich beidhändig die Notbremse ziehen. So sehen demokratische Sieger aus: vor allem bemüht, »auf dem Teppich« zu bleiben.

Nun spricht vieles dafür, dieses Verhalten tatsächlich für

einen Zivilisationsfortschritt zu halten. Der persönliche Ehrgeiz, das narzisstische Streben nach Überlegenheit, wird gezähmt, die »Sachorientierung« rückt in den Vordergrund. Aber beobachten wir wirklich dies, wenn wir uns in Politik, Geistesleben, der gesamten Gesellschaft umschauen? Oder erleben wir nicht vielmehr, dass sich klar umrissene, fest vertretene Positionen unter der Hand auflösen, wenn das einzig zugelassene Ergebnis eines Streits von vornherein lautet: Kompromiss?

Georg Simmel widmete vor hundert Jahren in seiner Soziologie dem Streit ein umfangreiches Kapitel. Und beginnt seine Überlegungen mit der nüchternen Einschätzung, dass ein »primäres Feindseligkeitsbedürfnis«, schlichter gesagt: »Hass und Neid, Not und Begier« die Treibstoffe sind, die jeden Streit befeuern. Simmel spricht nicht von profilneurotischen Zeitgenossen, bei deren Sozialisation etwas schiefgelaufen ist. Sondern erkennt, »dass der erste Instinkt, mit dem die Persönlichkeit sich bejaht, die Verneinung des anderen ist«. Man kann es auch freundlicher ausdrücken: Ohne dass ich mich von anderen Menschen, anderen Gedanken, anderen Weltanschauungen abgrenze, gelingt es mir nicht, eine eigene Identität auszubilden. Lange bevor ich weiß, was ich im Leben will, weiß ich, was ich nicht will.

Selbstverständlich gibt es das gegenteilige Bedürfnis nach Gemeinschaft, das Bedürfnis, von den anderen geliebt oder zumindest »anerkannt« zu werden. Und selbstverständlich lassen sich prägnante Überzeugungen auch aus dem Bejahen heraus entwickeln, zeugt es von einem unreifen Charakter, sich sein Weltbild einzig und allein aus der Haltung des »So nicht!« zusammenzuzimmern. Wer jedoch das Ausgrenzen und Ausgegrenzt-Werden überhaupt nicht mehr erträgt, ist dazu verdammt, als unscharfer Geist durchs grenzenlose Harmonistan zu wandeln.

Die neue Sehnsucht nach Harmonie lässt sich am besten am Verschwinden dessen ablesen, was man früher einmal den »Generationenkonflikt« nannte. War es noch bis in die späten 60er und frühen 70er Jahre hinein völlig normal, dass Kinder irgendwann im Laufe ihrer Pubertät mit den Eltern aufs Heftigste aneinandergerieten, scheint seit einer Weile der große Eltern-Kinder-Frieden eingezogen zu sein. »Sich die Hörner abstoßen«, nannte der Spießer vergangener Tage diesen Vorgang. Aus eigener Erfahrung würde ich sagen: Es ging eher darum, sich die Hörner zu schärfen. Und deshalb ist es weder paradox noch zynisch, wenn ich meinen Eltern dafür danke, dass sie mir damals einen Widerstand geboten haben, der uns zu teils krassen Auseinandersetzungen gezwungen hat.

Ein Paradebeispiel für unsere Unfähigkeit, mit polemisch zugespitzten Attacken umzugehen, stellen die hysterischen Reaktionen dar, die es auf Thilo Sarrazins Äußerung gegeben hat, man müsse niemanden anerkennen, »der vom Staat lebt, diesen Staat ablehnt, für die Ausbildung seiner Kinder nicht vernünftig sorgt und ständig neue kleine Kopftuchmädchen produziert«. Man darf diese und ähnliche Aussagen, die Berlins ehemaliger Finanzsenator in dem skandalisierten Interview in *Lettre International* getätigt hat, gern als »türkenfeindlich« beurteilen. Aber kommen wir der Lösung der real existierenden Integrationsprobleme auch nur einen Trippelschritt näher, wenn wir reflexhaft darauf beharren, die Wirklichkeit einzig durch die Brille der politischen Korrektheit wahrzunehmen und entsprechend verquast zu beschreiben?

Jeder türkische Einwanderer hat das Recht, sich durch Sarrazins Invektiven beleidigt zu fühlen. Aber so wie unsere Gesellschaft verfasst ist, hat er auch das Recht, Herrn Sarrazin in ebenso scharfen Worten darzulegen, wieso er sich irrt. Dies wäre eine Kultur, die den Namen »Streitkultur« verdient. Hingegen zu fordern, dass dem Querulanten am besten per Gerichtsbeschluss der Mund verboten wird, hat nichts mit einer zivilisatorischen Veredlung des Streitens zu tun, sondern ist das Ende einer jeglichen ernsthaften Streitmöglichkeit.

Philosophen haben schon immer davon geträumt, dass ein Streiten möglich sein müsste, das sich nicht länger aus »Hass und Neid, Not und Begier« speist, sondern einzig und allein dem gemeinsamen Herausarbeiten der Wahrheit dienen will. In diesem Sinne grenzte Aristoteles die Dialektik – gemeint war der argumentative Disput unter Philosophen – von der bloßen Rhetorik ab, wie sie von Sophisten und anderen öffentlichen Rednern mit dem vorrangigen Ziel des Rechthabens praktiziert wurde.

Wie schwer diese Unterscheidung aufrechtzuerhalten ist, ließ sich erst unlängst wieder an jenem Streit ablesen, den Peter Sloterdijk und Axel Honneth in den Feuilletons von *Frankfurter Allgemeine Zeitung* und *Die Zeit* austrugen. Sloterdijk hatte einen Essay veröffentlicht, in dem er eine »Revolution der gebenden Hand« forderte, die herrschende sozialstaatliche »Kleptokratie« anprangerte und zum »fiskalischen Bürgerkrieg« aufrief. Drei Monate später antwortete ihm Axel Honneth mit einem erbosten Essay, in dem er ebenjenen von Sloterdijk attackierten Sozialstaat als nicht ernsthaft infrage zu stellenden moralischen Imperativ verteidigte. Die *Zeit*-Feuilletonredaktion bot nun wiederum Peter Sloterdijk an, ihm Platz für eine Entgegnung auf Honneth einzuräumen. Jener schlug das Angebot jedoch prompt aus, indem er im Feuilleton der *FAZ* einen offenen Brief an die *Zeit*-Redaktion veröffentlichte, in welchem er kundtat, dass er nicht willens sei, sich mit Honneth auseinanderzusetzen, da »unser Professor […] in Bezug auf meine Arbeit einen Lektüre-Rückstand von, freundlich geschätzt, sechstausend bis achttausend Seiten« habe, und er, Sloterdijk, im Übrigen konstatiere, dass es offensichtlich »keine legale Obergrenze für Giftkonzentrationen in glücklosen Philosophieprofessoren« gebe.

Vielleicht darf man dem Autor von *Zorn und Zeit* zugutehalten, dass er als Wiederentdecker der »thymotischen Energien«, als Verteidiger jener in der Antike hoch geschätzten Gemütsregungen wie Zorn und Ehrsucht, sich der eigenen Theorie konform verhält, wenn er ins enge Kleid der beleidigten Leberwurst schlüpft. Ein Musterbeispiel philosophischer Streitkultur liefert solch ein Verhalten nicht.

Doch auch die Honneth'sche Anti-Sloterdijk-Tirade »Fataler Tiefsinn aus Karlsruhe« enthält so starke polemische Unter- und Obertöne, dass einem Zweifel kommen, ob sich der letzte prominentere Vertreter der Frankfurter Schule tatsächlich noch jenem idealtypischen »herrschaftsfreien Diskurs« verpflichtet fühlt, in dem laut Jürgen Habermas einzig und allein der »eigentümlich zwanglose Zwang des besseren Arguments« herrschen soll – oder ob nicht auch er sich in den ganz normalen Niederungen von Aversion und Ressentiment bewegt, die er seinem Kontrahenten unterstellt.

Ein erratischer Denker wie Sloterdijk muss einen akademischen Geist wie Honneth abstoßen. Aber kennt unsere demokratische Kultur nicht weit schlimmere Krisenphänomene? Jene scheuen Denker zum Beispiel, die sich aus allen öffentlichen Gefechten heraushalten, weil ihnen die Arena zu schmutzig ist? Oder jene kulturwissenschaftlich-relativistisch geprägten Zeitkommentatoren, die uns erklären, dass kein Sozialstaatsausnutzer und Frauenwegsperrer als solcher bezeichnet werden dürfe und darüber hinaus unser Verständnis verdiene, weil sich in einer zunehmend unübersichtlichen Welt ohnehin nicht mehr von »richtig« und »falsch« reden ließe?

Die Kunst des Streitens befindet sich in einem fatalen Zirkel: Die westlich-christliche Welt hat erkannt, dass es sich besser lebt, wenn man sich nicht mehr bis aufs Blut bekämpft, sondern vorher den Vermittlungsausschuss anruft. Doch ebenjene Vermittlungsausschussmentalität tötet tendenziell diejenigen Affekte im Menschen ab, die ihn überhaupt erst zum Stellungbeziehen und Um-diese-Stellung-Streiten bringen.

Deshalb liefert unsere Politik – auch nach der Bundestagswahl – ein so paradoxes, zentrumsloses Bild: Auf der einen Seite erleben wir ein Abgrenzungs- und Erregungstheater, auf der anderen Seite kauft man die leidenschaftlichen Töne keinem Politiker mehr ab, weil klar ist, dass am Ende doch der sozialdemokratische Common Sense siegen wird, sich alle an einen Tisch setzen und einen nüchternen Kompromiss aushandeln werden.

Womöglich muss man – selbst nüchtern – konstatieren, dass dies der beste Zustand ist, den Politik erreichen kann. Gleichzeitig brauchen wir ein umso schärferes Bewusstsein, dass sich dieses Prinzip nicht grenzenlos auf alle Bereiche der gesellschaftlichen Auseinandersetzung ausdehnen darf. »Hass und Neid, Not und Begier« müssen im Streit ihren Platz behalten. Ein echter kultureller Fortschritt läge darin, die narzisstische Kränkung, vulgo: das ständige Beleidigtsein samt seinem Ruf nach der Unterlassungsklage, zu überwinden. Die Affekte, die jeder Streit benötigt und auf den Plan ruft, sollten ihren Ursprung nicht in der Verteidigung von prekären Egos haben, sondern in dem Willen, tiefe Überzeugungen zu verteidigen, die sich ihrerseits im Dissens zu gegnerischen Positionen geschärft haben. Frei nach Simmel: Das »primäre Feindseligkeitsbedürfnis« darf man in der Tat für ein unproduktives halten. Ohne sekundäres Feindseligkeitsbedürfnis jedoch, das aus inhaltlichen Antagonismen resultiert, sitzen wir alle im Zug nach Irgendwo. Es geht nicht darum, Randale um der Randale willen zu machen. Aber Randale um der Sache willen müssen wir machen und ertragen können.

Der große Unernst

Thea Dorn ist des Theaters überdrüssig.

Eine Frau im roten Kostüm tritt vor den Vorhang und sagt: »Es brennt.«

Das Publikum weiß nicht, wie es sich verhalten soll. Die Beherzteren im Saal lachen. Nur eine Dame aus der Provinz fasst ängstlich nach ihrem Täschchen. Der Connaisseur an ihrer Seite legt ihr die Hand auf den Oberschenkel. »Keine Sorge«, raunt er, »Regietheater.«

Die Frau auf der Bühne klingt weiterhin ernst: »Meine Damen und Herren, ich sage es ganz offen: Wenn wir nicht schnell und entschlossen handeln, wird jeder hier verbrennen. Oder ersticken.«

Einige Zuschauer werden unruhig, meinen, Rauch zu schnuppern, schielen nach den Leuchten mit den Fluchtmännchen. Der Kritiker in Reihe 7 verdreht die Augen.

»Vor uns steht eine riesige Aufgabe«, fährt die Frau auf der Bühne fort. »Ich sage: eine Herkulesaufgabe, weil wir eigentlich Unvereinbares zusammenbringen müssen: den Brand bekämpfen und trotzdem niemandem den Abend verderben.«

Sogleich ist die Stimmung wieder entspannt. Selbst die Dame aus der Provinz setzt ein wissendes Grinsen auf.

Da springt ein Mann im schwarzen Anzug aus der Feuergasse auf die Bühne. »Das kann so nicht weitergehen«, ruft er und fuchtelt mit der Hand. »Bringen Sie Ordnung in den Laden, nehmen Sie endlich Ihre Verantwortung wahr!«

Die Frau im Rampenlicht kichert. Das Publikum ist größtenteils auf ihrer Seite und kichert mit.

Der Mann im Anzug merkt, dass er dabei ist, die Show zu verlieren. Auch er wendet sich jetzt direkt an den Saal, seine Rechte zeigt auf die Frau, die noch immer mit dem Publikum flachst. »Reden Sie mir nicht von Herkulesaufgaben«, donnert er, »Sie sind ja nicht einmal imstande, den neuen Getränkeautomaten in der Kantine aufstellen zu lassen.«

»Eins zu eins«, raunt der Connaisseur seiner Provinzbegleitung zu und applaudiert.

Dieses Stück wird nicht im Deutschen Nationaltheater in Weimar aufgeführt, sondern im Deutschen Bundestag in Berlin. Unlängst trug es den Titel »Generaldebatte zum Haushalt«, ebenso gut hätte es »Die Parlamentsdebatte zur Finanzkrise« oder »Die aktuelle Stunde zum Einsatz der Bundeswehr in Afghanistan« sein können. Die grundlegende Dramaturgie wäre dieselbe gewesen.

Diejenigen, die gerade an der Macht sind, übernehmen die Rolle des Beschwichtigers. Um in diesem Fach zu reüssieren, ist es unumgänglich, auf den »Ernst der Lage« hinzuweisen und zu betonen, man tue dies »schonungslos«. Kein Regierungsdarsteller darf jedoch die Bühne verlassen, ohne Zeilen wie »Ich habe den Eindruck, dass die Dinge gut vorangehen« oder »Ich versichere Ihnen, wir sind auf einem positiven Weg« abgeliefert zu haben. Das Orchester möge weiterspielen, auch wenn die ersten brennenden Balken auf die Hinterbühne krachen.

Diejenigen, die gerade nicht an der Macht sind, versammeln sich zum Erregungschor. So laut wie möglich deklamieren sie, die Regierenden seien komplett unfähig, noch das geringste Problem in den Griff zu bekommen. Der Weltenbrand drohe, wenn der Zuschauer sich nicht bald entschlösse, sie, die anderen, an die Macht zu bringen. Alle Alarmglocken schrillen, auch wenn es nur der Pförtner war, der sich in seiner Loge heimlich eine Zigarette angesteckt hat.

Während vorn im Rampenlicht hektisch auf- und abgewiegelt wird, schwelt die Frage, ob es nun tatsächlich brennt, eigentümlich unbeantwortet vor sich hin. Auch der Zuschauer stellt sie sich allenfalls unterschwellig. Die Vorstellung, er selbst könne Brandopfer werden, flößt ihm wie eh und je Grauen ein. Doch solange ihm keine echten Flammen entgegenschlagen, ist es ein Grauen, das er sich gern einflößen lässt. Die Welt als *Thrill* und Zerstreuung.

Der global vernetzte Zuschauer des frühen 21. Jahrhunderts hat seinen Instinkt für die Realität verloren. Seine eigene Urteilskraft reicht nicht mehr aus, um zu unterscheiden, wo der Theaterdonner aufhört und die wirkliche Bedrohung anfängt. Auch die Medien helfen ihm nicht, wenn es darum geht, Sinne und Verstand zu schärfen. Im Gegenteil: Immer schneller und unter immer grelleren Jahrmarktsklängen treiben sie das Karussell der schlechten Nachrichten aus aller Welt an: Schweinegrippe, bombardierte Tanklaster in Afghanistan, Erdbeben in Haiti, Griechenland vor dem Staatsbankrott. Alles furchtbar, alles scheinbar ganz nah und dann doch wieder weit weg. Mit jedem Tag, an dem die Verhältnisse in seiner kleinen Welt stabil bleiben, erscheint dem Zuschauer der Katastrophenhorizont mehr und mehr als flirrender Bühnenprospekt. Doch wenn er die überreizten Augen für einen Moment schließt, kommt die Angst, und er fleht nach Politikern, die versprechen, dass ihm in seiner Nussschale nichts zustoßen wird, ganz gleich, wie wild die Wogen draußen toben.

Nervös gelähmt, starrt der Zuschauer auf die politischen Akteure und Aktricen, die ebenso nervös gelähmt agieren. Auch sie scheinen nicht mehr fest im Sattel der Wirklichkeit zu sitzen. Da verirrt sich ein prominentes Regierungsmitglied ins falsche Rollenfach, schwingt sich zum Anführer des Erregungschors auf, um spätrömische Zustände zu beklagen – und tut anderntags alles dafür, das selbst entfachte Strohfeuer wieder auszutreten. Dass der Preis dafür ein milliardenfach dekadenter Staatshaushalt ist – wen kümmert's? Hauptsache, das Karussell dreht sich weiter.

Der kleinmütigen Ratlosigkeit im konkreten Handeln entspricht der Größenwahn, wenn es ums vermeintlich Ganze geht. Dieselbe Regierung, die sich quälend schwer damit tut, eine vernünftige Gesundheitsreform durchzuführen, verkündet im nächsten Atemzug die »Rettung des Weltklimas« als angeblich ernst gemeintes politisches Ziel. Der Zuschauer, zwar längst skeptisch geworden, was die konkrete Gestaltungsfähigkeit der Regierenden angeht, spielt mit, weil er immer noch bereit ist, an den unrealistischsten Heilsplan zu glauben – solange dieser seine eigenen Ängste und Hoffnungen widerspiegelt. Und solange er mit glaubwürdigem Pathos vorgetragen wird.

In der sogenannten »Informationsgesellschaft«, bei der es sich in Wahrheit um eine Gesellschaft handelt, in der keiner mehr weiß, welche Information er noch glauben und was er mit all den Informationen, die er sekündlich abrufen kann, anfangen soll, wird Glaubwürdigkeit zum letzten Fetisch. So gesehen verhält sich ein Verteidigungsminister nur konsequent, wenn er in erster Linie darum kämpft, seinen Ruf als Ritter von der aufrechten Gestalt wiederherzustellen. Denn seine Gegenspieler sind ebenfalls mehr damit befasst, herauszufinden, was er wann gewusst und warum verschwiegen hat, als die Öffentlichkeit darüber aufzuklären, wie die Lage in Afghanistan tatsächlich aussieht und ob es noch sinnvolle Strategien für den verfahrenen Bundeswehreinsatz am Hindukusch geben kann. Glaubwürdigkeit verkommt zum Glaubwürdigkeitstheater.

Auch jenseits der politischen Bühne hatten die meisten Skandale, die die deutsche Öffentlichkeit in letzter Zeit aufscheuchten, mit Glaubwürdigkeit und deren Verlust zu tun. Eine Autorin, deren Buch als Ausbund juveniler Authentizität gepriesen wurde, musste sich nachweisen lassen, dass sie die Exzesse, die sie beschreibt, wohl doch nicht gelebt, sondern lediglich von einem Kollegen abgeschrieben hat. Aktuell ringen die Kirchen, die traditionell als eine der letzten Bastionen der Glaubwürdigkeit galten, darum, ihr beflecktes Image zu reinigen. Verständlich ist der Zorn auf katholische Priester, die Zölibat predigen und Pädophilie leben. Verständlich war auch der Spott, der über einer evangelischen Bischöfin ausgegossen wurde, die in der Fastenzeit mit 1,54 Promille eine rote Ampel überfuhr.

Grotesk allerdings war, was geschah, nachdem jene Bischöfin aus ihrem Fehler Konsequenzen gezogen und ihre hohen Ämter niedergelegt hatte. Die Öffentlichkeit reagierte betreten, als mache es ihr Angst, dass da eine wirklich gehandelt hat, anstatt sich mit einem publikumswirksamen Auftritt im Büßergewand aus der Affäre zu ziehen.

Noch tiefer ging der öffentliche Schock, als es ein Nationaltorwart im vergangenen Herbst nicht mehr ertrug, der Welt vorzuspielen, alles sei in bester Ordnung, und mit seinem Selbstmord den letzten verzweifelten Schritt aus der Wirklichkeit hinaus tat. Das Publikum weinte fassungslos, als habe es ganz und gar vergessen, dass Tragödien anders enden können als damit, dass einer ein auflagenstarkes Buch über sein privates Unglück schreibt.

Dem Leben lässt sich der Ernst, der bisweilen tödlich werden kann, nicht austreiben. Doch was fängt man an mit dieser Erkenntnis in Zeiten, in denen alle darauf bedacht sind, jenen Ernst entweder mit illusorischen »Wir-kriegen-das-schon-in-den-Griff«-Floskeln kleinzureden oder durch Katastrophengeschrei zum unlösbaren Problem aufzublasen, vor dem der Einzelne dann tatsächlich nur noch kapitulieren kann?

»Mehr Ernsthaftigkeit wagen!« Dies wäre der Satz der Stunde. Aber wer soll ihn sagen? Und wäre er in dem Moment, in dem er auf der großen Bühne ausgesprochen wird, nicht unweigerlich die nächste Phrase, die sich besonders frenetisch beklatschen ließe, bevor man im Pausenfoyer zum Büfett schreitet?

Die Kanzlerin der Lebkuchenherzen

Angela Merkel verspricht,
die Kanzlerin aller Deutschen zu werden.
Thea Dorn hat einen Neujahrswunsch.

Drei Monate ist es her, da versprach Angela Merkel, »die Bundeskanzlerin aller Deutschen« werden zu wollen. In der vergangenen Woche, kurz vor den Feiertagen, traf ich den Weihnachtsmann. Er fragte, was ich mir wünsche. Ich sagte, dass ich an der Bescherungsfront wunschlos glücklich sei. Nur einen Wunsch für Neujahr hätte ich. Angela Merkel möge ihre Ansprache nutzen, uns endlich zu erklären, was sie mit ihrem Versprechen aus der Wahlnacht sagen wollte.

Der Weihnachtsmann lachte. »Gute Frau«, sagte er, »es freut mich, dass Sie an mich und meine Möglichkeiten glauben. Aber sind Sie nicht alt genug zu wissen, dass solche Sätze einzig und allein dem Zweck dienen, *nichts* zu sagen? Ebenso gut könnten Sie das Lametta an Ihrem Baum fragen, was es Ihnen eigentlich sagen will.« Sprach's, ließ die Rentierpeitsche knallen und mich im Berliner Dezemberregen stehen.

Missgelaunt ob des Zynikers im roten Mäntelchen schlug ich den Kragen hoch, um meinen Heimweg fortzusetzen, als eine schwarze Limousine neben mir zum Halten kam. Das hintere Seitenfenster wurde heruntergelassen, und eine bekannte Stimme sprach aus dem Fond: »Liebe Mitbürgerin, ich bitte Sie einzusteigen. Es gibt etwas, das ich Ihnen erklären will.«

Ich ging zur anderen Wagenseite, denn keine Mitbürgerin soll von ihrer Bundeskanzlerin erwarten, dass diese hinter den Fahrer rutscht, um ihr Platz zu machen.

»Das wäre aber nicht nötig gewesen«, sagte die Bundeskanzlerin, als ich neben ihr saß. »Ich hätte auch durchrutschen können. Möchten Sie einen Lebkuchen?«

»Ich möchte eine Erklärung.«

»Liebe Mitbürgerin, Sie sind anstrengend«, seufzte die Bundeskanzlerin und stellte die Schachtel mit den Lebkuchenherzen zwischen uns. »Sie möchten also von mir wissen, wie ich die Kanzlerin aller Deutschen werden will.«

»Zuallererst möchte ich wissen, warum Sie gesagt haben, dass Sie die Kanzlerin aller Deutschen *werden* möchten. Darf ich aus dieser Formulierung schließen, dass Sie selbst zugeben, es während Ihrer ersten Amtszeit nicht gewesen zu sein?«

»Das haben Sie jetzt sehr scharf analysiert.«

»Wer waren Sie bislang? Die Bundeskanzlerin der meisten CDU-Wähler? Die Bundeskanzlerin von ein paar verirrten SPDlern? Die Bundeskanzlerin der Ostdeutschen? Der Westdeutschen? Der Männer? Der ...«

»Ich habe versucht, die Kanzlerin der Mitte zu sein«, fiel mir die Bundeskanzlerin ins Wort. »Und erklären Sie mir nicht, dass dies ein leerer Begriff sei. Politik braucht Begriffe, die wie Gefäße sind. Wir stellen das Gefäß hin. Und dann warten wir ab, womit es sich füllt. Das nenne ich Demokratie. Da vorn biegen Sie links ab«, sagte sie zum Fahrer.

Wir passierten einen Mülleimer der Berliner Stadtreinigung: »Corpus für alle delicti«, stand darauf. Zwei Jungen mit Wollmützen versuchten vergeblich, eine Coladose in den Eimer zu kicken.

»Ich verstehe«, sagte ich. »Dann ist ›alle Deutsche‹ also die Urne, die Sie in der Wahlnacht hingestellt haben. Aber warum mussten Sie ergänzen, dass Sie die Bundeskanzlerin aller Deutschen werden möchten, ›damit es uns allen besser geht, gerade in einer solchen Krise‹?«

»Was ist falsch an dem Wunsch, dass es uns allen besser gehen möge?«

Die Limousine bremste für eine Familie, die tütenbeladen aus einem der großen Kaufhäuser auf die Straße stolperte. Die Mutter hielt das jüngste Kind am Oberarm gepackt, seine Beine ruderten zornig über dem nassen Asphalt.

»Verehrte Frau Bundeskanzlerin, ich will die wirtschaftliche Krise, in der wir stecken, nicht leugnen. Im Übrigen bin ich recht angetan, wie Sie im vergangenen Jahr dazu beigetragen haben, dass dieses Land nicht die Nerven verliert. Aber finden Sie nicht, dass es uns alles in allem ziemlich gut geht? Zumindest so gut, dass wir nicht ständig den Eindruck erwecken müssten, unser größtes Problem läge darin, wie wir an der Konsumfront noch enger zusammenrücken können.«

»Es freut mich, wenn Sie das so sehen. Aber erzählen Sie das mal einem Hartz-IV-Empfänger.« Die Bundeskanzlerin bückte sich nach der Lebkuchenschachtel, die beim Bremsen heruntergefallen war.

»Wir stehen gewiss nicht mit leeren Händen, wohl aber mit leeren Herzen da«, sagte ich leise.

»Sie sind lustig«, antwortete die Bundeskanzlerin. »Damit soll ich die Hartz-IV-ler besänftigen, wenn die mich fragen, wovon sie im nächsten Jahr ihren Kindern das Frühstück bezahlen sollen?«

»Dann möchten Sie in dieser Amtszeit also nicht länger die Kanzlerin der Mitte sein, sondern die Kanzlerin aller Hartz-IV-Empfänger werden?«

»Unsinn, liebe Mitbürgerin. Ich darf Sie daran erinnern, dass wir gerade ein Wachstumsbeschleunigungsgesetz und ein Steuerentlastungsgesetz verabschiedet haben, von dem in erster Linie der Mittelstand profitieren wird.«

»Geschenke, Geschenke, Geschenke«, sagte ich. »Dann heißt ›alle Deutschen‹ nichts weiter als ›alle in Deutschland Geschenkberechtigten‹? Glauben Sie wirklich, dieses Land zusammenhalten zu können, indem Sie jedes Jahr die neueste Spielkonsole unter den Baum legen?«

Wir fuhren am Brandenburger Tor vorbei, dessen Kulisse eine Gruppe Weihnachtsmänner nutzte, sich gegenseitig zu fotografieren. Die Bundeskanzlerin lächelte zum Fenster hinaus.

»Was sollte ich Ihrer Meinung nach denn tun, liebe Mitbürgerin? Den Leuten predigen, den Gürtel enger zu schnallen? Und das Ganze womöglich auch noch fürs Vaterland? Die Linken warten doch nur darauf, mich als Nationalistin beschimpfen zu können, und die Rechten, die mich ohnehin für eine verkappte Sozialistin halten, freuen sich gleich mit.«

Touristen hatten sich versammelt, um zu fotografieren, wie sich die Weihnachtsmänner unterm Brandenburger Tor fotografierten. Zwei ältere Frauen standen abseits, ganz ohne Kamera, die Köpfe in den Nacken gelegt und betrachteten die Quadriga bei ihrem Ritt von West nach Ost.

»Warum setzen wir uns nicht einfach mal ohne Geschenke unter den Baum«, sagte ich, »und blättern im Familienalbum. Wenn man schon keine gemeinsamen Zukunftsvisionen mehr hat, muss man sich wenigstens der gemeinsamen Geschichte versichern. Warum laden Sie die Deutschen nicht dazu ein, mit Ihnen im Familienalbum zu blättern?«

Die Bundeskanzlerin schaute mich abschätzig an. »Was glauben Sie denn, was wir zum Beispiel am 9. November, vor wenigen Wochen, hier, auf diesem Platz, getan haben?«

»Die Erinnerung an das einzige restlos freudige Ereignis der deutschen Geschichte in einem Kessel Schwarz-Rot-Goldenem ersäuft«, sagte ich.

»Liebe Mitbürgerin, passen Sie auf, dass Sie meine Geduld nicht überstrapazieren. Wir haben ein würdiges und fröhliches Fest gefeiert. Freunde aus aller Welt haben mir das bestätigt. Und verkneifen Sie sich Ihre Seitenhiebe aufs Ostfernsehen. Schließlich hat der Thomas Gottschalk moderiert, nicht die Dagmar Frederic.«

»Den Gottschalk nehme ich auf meine Westkappe. Aber

wie kann man es als Bundeskanzlerin zulassen, dass ein solches Herzstück der deutschen Erinnerung unserer Eventmaschinerie zum Fraß vorgeworfen wird?«

»Haben Sie eine Ahnung, wie kompliziert es war, sich überhaupt auf einen gemeinsamen Grundfahrplan für die Feierlichkeiten zu einigen? Außerdem fand ich die Idee mit den Dominosteinen sehr schön und originell.«

»Kindergarten!«, rief ich.

»Hätten Sie lieber Fahnenaufmärsche gesehen? Warum nicht gleich Fackelzüge?«

»Die braunen und roten Nashörner haben wir ausgestopft und ins Museum gestellt, und da gehören sie hin. Die Leute sehnen sich danach, etwas zu fühlen, das über Steuererleichterung hinausgeht. Und über jene ›Emotionen‹, die jeder drittklassige Fernsehmoderator herbeizukreischen versucht. Stimmt es Sie nicht nachdenklich, dass im vergangenen Jahr das deutsche Gemüt vom Selbstmord eines Fußballtorwarts stärker bewegt wurde als von der Erinnerung an die Nacht des Mauerfalls?«

»Hätte ich mich am 9. November auf die Gleise legen sollen? Und außerdem: Fußball! Glauben Sie mir, liebe Mitbürgerin, ich habe den Jürgen Klinsmann immer um das beneidet, was er im Sommer 2006 hinbekommen hat.«

»Klinsmann hat es geschafft, für kurze Zeit der Bundestrainer aller Deutschen zu sein – aber was für Schlüsse ziehen Sie daraus, verehrte Frau Bundeskanzlerin?«

»Eine Legislaturperiode ist kein Sommermärchen.«

Schweigend schauten wir zum Fenster hinaus. Die leuchtende Stadtmitte war graueren Fassaden gewichen, Gemüsehändler priesen kurz vor Feierabend Clementinen, Mangold, Granatäpfel an.

»Liebe Mitbürgerin«, beendete die Kanzlerin das Schweigen, »wenn Sie so schlau sind, verraten Sie mir doch, wer ›alle Deutschen‹ sind.«

»Alle, denen dieses Land etwas bedeutet.«

»Jetzt machen Sie mir nicht den Sarrazin. Für mich sind ›alle Deutschen‹ erst einmal alle, die in Deutschland leben und die deutsche Staatsbürgerschaft besitzen.«

»Das Gefühl einer nationalen Zugehörigkeit entsteht nicht in der Bundesdruckerei. Unlängst habe ich das Buch eines Mannes gelesen, der aus Ägypten stammt und mit dreiundzwanzig nach Deutschland gegangen ist. Er hatte die vage Vorstellung, ins Land von Schiller und Goethe zu kommen. Tatsächlich fand er sich im Land von Pendlerpauschale und Abwrackprämie wieder.«

»Es wäre mir neu, dass zu Zeiten von Schiller und Goethe die deutschen Regierungschefs fürs kulturelle Niveau im Land verantwortlich waren. Und außerdem ist das doch ein Einzelfall, den Sie da zitieren. Ein höchst erfreulicher zwar. Aber fragen Sie mal diesen Gemüsehändler hier, ob er nach Deutschland gekommen ist, weil er ins Land von Schiller und Goethe wollte.«

»Ich brauche gar nicht mit dem türkischen Gemüsehändler anzufangen. Ich frage den urdeutschen Schlosser, Lehrer, Beamten. Und stelle fest, dass es auch ihm immer weniger bedeutet, im Land von Schiller und Goethe zu leben.«

»Liebe Mitbürgerin, das ist arrogant. Und außerdem stimmt es nicht. Neulich hatte ich ausnahmsweise mal Zeit, in eine dieser Ratesendungen hineinzuschauen. Da saß ein Verwaltungsangestellter, und der konnte sofort richtig zuordnen, wer ›Die Bürgschaft‹ geschrieben hat.«

»Liegt darin nicht das ganze Elend, verehrte Frau Bundeskanzlerin? Dass wir uns schon freuen, wenn einer überhaupt noch weiß, dass ›Die Bürgschaft‹ nicht von Goethe stammt? Meinem Großvater ging das Herz auf, wenn er beim Holzhacken Schiller rezitierte. Oder Wagner sang.«

»Ich fahre ja auch gern nach Bayreuth. Aber Sie meinen doch nicht ernsthaft, dass wir unsere Integrationsprobleme lösen, indem wir die Kinder in die Oper schicken?«

»Warum nicht? Was bringt es, wenn wir so wie jetzt das Niveau permanent nach unten korrigieren – um bloß keinen zu überfordern oder auszugrenzen? Warum stellen Sie sich nicht hin und sagen: ›Liebe Mitbürgerinnen und Mitbürger, bitte, strengen Sie sich an, geben Sie Ihr Bestes! All das, was dieses Land jemals an Liebens- und Bewundernswertem hervorgebracht hat, ist nur entstanden, weil Leute sich angestrengt haben. Als Einzelne. Und als Kollektiv. Es ist ein Armutszeugnis für uns alle, wenn sich die Gründe, dieses Land zu lieben, in der deutschen Sozialgesetzgebung erschöpfen.‹«

»Bewerben Sie sich jetzt als Redenschreiberin?« Die Bundeskanzlerin kicherte.

»Warum verschanzen Sie sich hinter einer Sprache, die so spröde und glanzlos ist, dass sie noch nicht einmal als

Geschenkpapier taugt? Wie wollen Sie die Kanzlerin aller Deutschen werden, wenn keiner in diesem Land sagen kann, wer Sie sind? Die Haltlosigkeit, unter der wir leiden, ist die Zwillingsschwester der Haltungslosigkeit, mit der wir uns zu retten glauben.«

Die Bundeskanzlerin legte ihre Fingerspitzen aneinander. »Liebe Mitbürgerin, ich denke, unsere Fahrt ist an dieser Stelle zu Ende. Warum warten Sie nicht einfach ab, was ich in meiner Neujahrsansprache sagen werde?«

»Verehrte Frau Bundeskanzlerin, das werde ich tun. Und vielen Dank fürs Mitnehmen.«

Ich stand auf der Straße und blickte mich um. Es war eine Gegend Berlins, in der ich noch nie gewesen war. In kleinen Vorgärten blinkten Rentiere und Schlitten. Ein paar junge Männer, die trotz der Kälte nichts auf dem Kopf trugen, stritten sich um eine Bierflasche. Ein Mann huschte aus seinem Fahrzeug, hielt die Aktentasche schützend über den Kopf und verschwand in einem der Reihenhäuser. Eine Mutter mit Kinderwagen schritt zügig an mir vorbei. *Alle Deutschen*. Ich setzte meine Kopfhörer auf und lauschte der *Winterreise*. Wenn ich Glück hatte, fand ich irgendwo eine S-Bahn.

Textnachweis

»Das Beta-Tier«, erschienen in *Die Literarische Welt* am 08.01.2005

»Leben unter Vorbehalt«, erschienen in *Brigitte* Nr. 12 am 21.05.2008

»SOS Multikulti«, erschienen unter dem Titel »Allahs unwillige Töchter« in *Die Literarische Welt* am 21.05.2005

»Die Rot-Grün-Blindheit«, erschienen unter dem Titel »Wieso sind die Schwarz-Gelben die Bösen?« in *Die Welt* am 06.09.2005

»Gute Deutsche«, erschienen unter dem Titel »Wie gefährlich ist der deutsche Staat?« in *Die Welt* am 11.01.2006

»Neuer Feminismus«, erschienen unter dem Titel »Die bewegte Frau« in *Das Parlament* Nr. 7 am 12.02.2007

»Wenn Sie ertrinken, bitte rufen Sie um Hilfe!«, erschienen unter dem Titel »Generation Manga« in *Cicero* im November 2005

»Sommerfußball«, erschienen als WM-Tagebuch in *Die Welt* vom 03. bis 08.07.2006

»Ein starkes Signal« erschienen unter dem Titel »Unnachgiebiger werden! Oder hinschmeißen!» auf *Spiegel online* am 18.10.2006

»Tor! Tor!! Tor!!! – oder: Das Wunder von Bayreuth«, Radioessay anlässlich der Bayreuther Festspiele 2004, zuerst gesendet im Bayerischen Rundfunk am 25.07.2004

»Fundamentalistin der Aufklärung«, erschienen unter dem Titel »The Unenlightened« im *Wallstreet Journal Europe* am 19.01.2007

»Lasst Kunstblut fließen!«, erschienen in *Die Literarische Welt* am 08.03.2008

»Vier Stunden mit Fritzl«, erschienen in *Bild am Sonntag* am 22.03.2009

»Geliebter Mörder«, Vortrag gehalten im Rahmen der Salzburger Festspiel-Dialoge am 14.08.2008

»Seichtgebiete«, erschienen in *Die Zeit* Nr. 22 am 21.05.2008

»Schämt Euch!«, erschienen unter dem Titel »Adam und Eva und Heidi Klum« in *Focus* Nr. 09/10 am 01.03.2010

»Deutschland, keine Denker«, erschienen in *Der Spiegel*, Nr. 42 am 13.10.2008

»Willkommen im Kindergarten!«, erschienen in *Cicero* im Juli 2008

»Schneller, höher, weiter!«, erschienen unter dem Titel »Im Sport gibt es kein Reinheitsgebot« in *Die Literarische Welt* am 05.07.2008

»Wollt ihr die totale Revision?«, erschienen unter dem Titel »Lust an der Apokalypse« in *Der Spiegel*, Nr. 2 am 05.01.2009

»Ein Männlein steht im Walde«, erschienen in *Cicero* im August 2009

»Verdruckster Patriarch«, erschienen in *Der Spiegel Geschichte*, Nr. 2/2009

»Vulgärpazifismus«, erschienen in *Die Zeit* Nr. 39 am 17.09.2009

»Mutter Vader«, erschienen in *Die Zeit* Nr. 38 am 10.09.2009

»Die demokratische Eisdiele«, erschienen unter dem Titel »Eisdielen-Demokratie« in der *Berliner Zeitung* am 26.09.2009

»Streiten in Harmonistan«, erschienen in *Cicero* im Dezember 2009

»Der große Unernst«, erschienen in *Die Zeit* Nr. 14 am 31.03.2010

»Die Kanzlerin der Lebkuchenherzen«, erschienen unter dem Titel »Merkelchens Mondfahrt« in *Die Zeit* Nr. 1 am 30.12.2009